Konzentration und Meditation

als Mittel zur Entfaltung der höheren Willens- und Erkenntniskräfte

Konzentration und Meditation

als Mittel zur Entfaltung der höheren Willens- und Erkenntniskräfte

Willy Adelmann-Huttula

Verlag Heliakon

Umschlaggestaltung: Verlag Heliakon
Titelbild: Pixabay (ambroo und DavidZydd)
Herstellung und Vertrieb: BoD - Books on Demand, Norderstedt

www.verlag-heliakon.de
info@verlag-heliakon.de

ISBN: 978-3949496-15-8

Die Deutsche Nationalbibliothek verzeichnet diese Publikation in der Deutschen Nationalbibliografie; detaillierte bibliografische Daten sind im Internet über www.dnb.de abrufbar.

Inhaltsverzeichnis

Widmung

Den *Söhnen von Wille und Yoga*

gewidmet.

Vorspiel

Der Mensch mit ruhelosem Herzen und Gemüt besitzt keine Weisheit, noch die Macht der Beschauung; wer keine Überlegung übt, besitzt keine Ruhe; und wie kann ein Mensch ohne Ruhe Glückseligkeit erlangen?

Das unbeherrschte Herz folgt den Geboten der Leidenschaft, und dadurch wird die spirituelle Erkenntnis fortgerissen, geradeso wie der Sturm ein Boot auf das Meer verschlägt Deshalb, o Du Starkarmiger, ist sein Wissen erst dann gesichert, wenn er seine Sinne und Organe von ihren entsprechenden Strebenszielen abhält. Was für alle Nichterleuchteten Nacht ist, das ist für seine Augen heller Tag; und was allen anderen als Tag erscheint, darin erblickt er die Nacht, die Nacht der Nichterkenntnis. *Solcher* Art ist der selbstbeherrschte Weise.

Der Mensch, dessen Begierden in sein Herz eintreten, wie Ströme in den dadurch nicht anwachsenden Ozean laufen, welch letzterer, obgleich stets voll, doch nie sein Bett verlässt, ein solcher Mensch erlangt Glückseligkeit, nicht aber jener, der in seinen Lüsten schwelgt.

Der Mensch, welcher all seine Begierden verlassen hat und ohne Habsucht, Selbstsucht oder Stolz handelt und sich weder für den Handelnden noch für den Besitzer ansieht, erlangt Ruhe. Dieses, o Pritha-Sohn, ist abhängig sein vom Höchsten Geist (Atman), und wer dieses erworben, geht nicht mehr in der Irre; wenn er es erlangt hat und bis zur Todesstunde darin verharrt, dann geht er in das Nirwana des Höchsten ein.

Bhagavad Gita, Kap. II (Judge-Ausgabe)

Dein erstes Bestreben muss sein, alle Deine Gedanken, Deine Gefühle und Sympathien von anderen *abzuziehen.*

Die Elementarschule der Weisheit ist, dass Du Dein Selbst und Dein Selbst allein, zu Deinem Studium und zu Deiner Welt machst … Dein Vermögen zu vervollkommnen, Deine Gefühle zu konzentrieren, muss hinfort Dein einziges Ziel sein … Wenn es ein Glück gibt, so muss es seinen Mittelpunkt in einem Ich haben, dem jede Leidenschaft unbekannt ist. Aber Glück ist der *letzte* Zustand des Seins, und bis jetzt stehst Du noch, an der Schwelle des ersten. — Nur in seiner Alleinigkeit kann der Geist Monarch und Seher sein, durchleuchtend die Hülle, worin er wohnt, ein reiner, eindrucksloser, erhabener Verstand!

Mejnour in Bulwers Zanoni

Einleitung

Die Übungen der Konzentration und Meditation als Mittel zur Entfaltung der höheren Willens- und Erkenntniskräfte sind uralt. Ihr Heimatland ist der geheimnisvolle Osten, besonders Indien, die Wiege menschlicher Kultur, die Pflegestätte verborgener Wissenschaften und Künste. Dort blühte jahrtausendelang jene erhabene, psychologische Kunst und Wissenschaft, der Yoga, die eigentliche Grundlage der indoarischen Philosophie und Metaphysik.

Zahlreich sind die von europäischen und amerikanischen Gelehrten verfassten Abhandlungen über die Yoga-Lehre, doch ist es nur ganz wenigen gelungen, der praktischen Seite der Sache nahezukommen. Manche kannten überhaupt nur den Phänomenalismus des niederen Yoga (Hatha-Yoga) mit seinen Atemübungen und absonderlichen Körperstellungen und hielten diese Praktiken für den berühmten, hochgeistigen, königlichen Yoga (Radscha-Yoga) der arischen Antike.

Andere wiederum studierten die Sanskrittexte, die heiligen Schriften der Veden mit ihren Upanishaden (Geheimlehren) und glaubten durch bloßes Bücherstudium und Verstandestüfteleien in das arische Mysterium des höheren Yoga eindringen zu können.

Aber die östlichen Schriften strotzen von schlau ersonnenen Blendlingen, deren Zweck der ist, den Uneingeweihten irrezuführen, denn nichts wurde und wird bis auf den heutigen Tag eifersüchtiger bewacht, als gerade die praktische Seite des höheren Yoga Viele Upanishadtexte beginnen bezeichnenderweise nicht mit dem Anfang, sondern mit dem Ende der Praxis, nämlich mit dem Brahman- und Atmansein, eine Höhenstufe der Erleuchtung, deren wahre Bedeutung nur einem vollkommenen Praktiker klar und verständlich ist. Anweisungen für Anfänger finden wir nirgends.

Daher die fast unübersteiglichen Schwierigkeiten für den Europäer, der den Drang fühlt, sich der praktischen Seite der arischen Geheimschulung zuzuwenden. Auch ein Aufenthalt im heutigen Indien würde kaum zum Ziele führen, denn erstens sind die Brahmanen, Fremden gegenüber, äußerst misstrauisch und zurückhaltend, und zweitens sind die Praktiker im Radscha-Yoga, der allein zu höheren, transzendentalen Fähigkeiten führt, auch drüben äußerst selten.

Dazu kommen noch die Schwierigkeiten, welche darin bestehen, diese für den Europäer ganz fremdartigen Lehren in eine europäische Sprache zu übertragen. Denn darüber müssen wir uns völlig klar werden: es wimmelt im Sanskrit von Bezeichnungen für die subtilsten psychischen und geistigen Vorgänge, für die es keine vollwertigen Benennungen in europäischen Sprachen gibt.

Alle Übersetzungsversuche sind nur schwache, unzureichende Notbehelfe. Die europäischen Sprachen sind das Ausdrucksmittel des modernen, materialistischen Denkens; das Sanskrit, Praxis, nämlich mit dem Brahman- und Atmansein, eine Höhenstufe der Erleuchtung, deren wahre Bedeutung nur einem vollkommenen Praktiker klar und verständlich ist, Anweisungen für Anfänger finden wir nirgends.

Daher die fast unübersteiglichen Schwierigkeiten für den Europäer, der den Drang fühlt, sich der praktischen Seite der arischen Geheimschulung zuzuwenden. Auch ein Aufenthalt im heutigen Indien würde kaum zum Ziele führen, denn erstens sind die Brahmanen, Fremden gegenüber, äußerst misstrauisch und zurückhaltend, und zweitens sind die Praktiker im Radscha-Yoga, der allein zu höheren, transzendentalen Fähigkeiten führt, auch drüben äußerst selten. Dazu kommen noch die Schwierigkeiten, welche darin bestehen, diese für den Europäer ganz fremdartigen Lehren in eine europäische Sprache zu übertragen. Denn darüber müssen wir uns völlig klar werden: es wimmelt im Sanskrit von Bezeichnungen für die subtilsten psychischen und geistigen Vorgänge, für die es keine vollwertigen Benennungen in europäischen Sprachen gibt.

Alle Übersetzungsversuche sind nur schwache, unzureichende Notbehelfe. Die europäischen Sprachen sind das Ausdrucksmittel des modernen, materialistischen Denkens; das Sanskrit, die „Königin der Sprachen“ war das geistige Verkehrsmittel einer Kultur, die im hohen und höchsten Maße spirituell gerichtet war und in der Entfaltung des „Göttlichen im Menschen” ihr vornehmstes Strebensziel erblickte.

Mit diesem „Göttlichen“ ist der im *Unterbewusstsein* eines jeden Menschenwesens vorhandene „latente *Genius*“ gemeint, der durch die Praxis der Konzentration und Meditation, als yoga-technische Hilfsmittel, erweckt und entfaltet werden kann.

H. P. Blavatsky, die von der tibetanischen Dzyan-Schule beauftragt war, die Theosophische Gesellschaft zu gründen, und der Irländer William Quan Judge, einer ihrer begabtesten Schüler und hervorragender Yoga-Praktiker, haben verschiedene, ganz ausgezeichnete Abhandlungen über echten Yoga veröffentlicht, die aber vorläufig nicht genügend verstanden und gewürdigt werden, was ja angesichts der Fremdartigkeit und Schwierigkeit des Gegenstandes kein Wunder ist.

Von anderer Seite sind aber auch Veröffentlichungen nach Europa gelangt, die Anleitungen zu niederen oder verkehrten Praktiken geben, deren Gefahr nicht unterschätzt werden darf. Es entspricht deshalb einem Bedürfnis der Zeit, eine reinliche Scheidung herbeizuführen und die Spreu vom Weizen zu sondern.

So glauben manche irrtümlicherweise, durch gewaltsame Tiefatemübungen die Höhen wahrer Erleuchtung erkrampfen zu können oder durch sonstige Mätzchen die „Erkenntnis höherer Welten“ zu erschleichen. Nur wenige wollen sich den langsamen, gediegenen, sicheren Methoden wahrer Schulung anbequemen; kopfüber stürzen sich viele in die unüberlegtesten Praktiken, um nur ja recht schnell in den Besitz übersinnlicher und magischer Kräfte zu gelangen. Eines Tages stellt sich dann heraus, dass die angewandte

Methode eine verkehrte war. Das Fiasko ist da und das Lamento bleibt meistens nicht aus. Einige Beispiele mögen zeigen, wohin verkehrte Praktiken führen können.

Ein robuster Herr, der, nebenbei bemerkt, das etwas prosaische Gewerbe eines Schweinestechers betrieb, fühlte unwiderstehliche Sehnsucht nach „okkulter" Entwicklung. Da die gediegenen Methoden ihm nicht gleich den gewünschten Erfolg brachten, glaubte er die strahlenden Höhen des okkulten Olympus durch forcierte Atemtechnik auf seine eigene grob materielle Ebene herabziehen zu können. Bald traten auch ganz unerwartete Resultate ein. Während seiner Übungen wurde er sensitiv.

An Stelle olympischer Götter und strahlender Engel gewahrte er höchst abscheuliche Fratzen, die das Bestreben bekundeten, auf ihn einzustürmen, und anstatt der ersehnten Seligkeit des Nirwana lernte er das Gruseln kennen. Dabei überkam ihn das eigentümliche Gefühl, als ob er von einer unsichtbaren, fremden Macht erfasst und in die Höhe gehoben wurde. Diese Gefühlshalluzinationen stellten sich auch außerhalb der Übungen ganz plötzlich ein.

Von Verzweiflung und Reue erfüllt, beichtete er mir seine Machenschaften. Es dauerte längere Zeit, bis die Folgen seiner unüberlegten Verkehrtheiten schwanden und er wieder sein gesundheitliches und seelisches Gleichgewicht erreichte.

Atemübungen, wenn übertrieben, führen nicht nur zu Halluzinationen und Herabminderung des Herzschlags, sondern es können sich auch noch andere Wirkungen einstellen.

Eine mir bekannte Dame erlebte eine regelrechte Exteriorisation des sogenannten „Astralkörpers" d. h. sie geriet in einen außerkörperlichen Bewusstseinszustand, der mit schrecklichen Erfahrungen verknüpft war. Nach dem Erwachen aus diesem tranceartigen Zustand war jede Nervenfaser in größtem Aufruhr.

Aber nicht nur Atemübungen, sondern auch Konzentrations- und Meditationsübungen, verkehrt aufgefasst oder mit falschem Motiv betrieben, können schädliche Wirkungen im Gefolge haben.

Dies gilt besonders dann, wenn der Übende versucht, auf diese Weise hellseherische Kräfte zu erkämpfen, wie es in gewissen Kreisen Usus geworden ist.

Für den wahren Praktiker sind Konzentration und Meditation lediglich Hilfsmittel zur Beherrschung des geistig-ätherischen Gedankenelements d. h. jener außerordentlich plastischen, in beständigen Veränderungen begriffenen Substanz, aus der sich unsere Gedanken und Gedankenbilder gestalten und über die der Uneingeweihte keine Herrschaft hat.

Diese ätherische Gedankensubstanz oder Essenz wird technisch Cittam (sprich tschittam) genannt und die Anstrengungen des richtigen Praktikers sind darauf gerichtet, die Tätigkeit des Cittam mit seinen ewig wechselnden Veränderungen in die Gewalt zu bekommen.

Deshalb lautet der Fundamentallehrsatz des Yoga: „Yoga ist das Verhindern der Veränderungen des Denkprinzips (Cittam)“. Aber die Falschberatenen wissen von all dem nichts. Durch forcierte Konzentration möchten sie gerne Hellsehkräfte erraffen; dabei geraten sie in kongestive Zustände und verfallen in Halluzinationen der verhängnisvollsten Art.

Es ist durchaus zutreffend, dass es ein echtes, höheres Hellsehen gibt, das in den Hochgraden der Schulung im Radscha-Yoga erlangt wird, aber erst nach jahrzehntelanger, gigantischer Ausbildung des geistigen Willens und der Selbstbeherrschungskraft, wie ich später, bei der Besprechung der „Großen Konzentration", erläutern werde.

Ohne absolute Festigung des geistigen Willens können übersinnliche Wahrnehmungen nur zum schließlich Untergang führen, deshalb ist sorgfältige Vorbereitung unerlässlich, ganz abgesehen davon, dass das Wachstum und die Entwicklung der Organe transzendentaler Wahrnehmung nur sehr langsam vor sich gehen. Gesundes Wachstum bedarf der Zeit; das gilt auch auf diesem Gebiete.

Die vorliegende Veröffentlichung entspringt einem Bedürfnis unserer Zeit. Das Interesse für Okkultismus und okkulte Forschungen ist in die weitesten Kreise gedrungen.

Die Woge okkultistischer und esoterischer Literatur schwillt täglich mehr an; Unkraut sprießt neben dem Weizen. Seltsame Praktiken finden Eingang, Prophetie steht hoch im Kurs. Vom Diesseits unbefriedigt richten viele ihre Blicke erwartungsvoll auf das geheimnisvolle Jenseits.

Möchten gerne Hellsehen lernen, werden aber das Opfer der Täuschung. Oder sie verlieren sich in Übungen, die zur Vernachlässigung aller Pflichten führen, wenn nicht zu Schlimmerem. Und doch gibt es eine erhabene und wohltätige Form des Okkultismus, die zu den Höhen der transzendentalen Erkenntnis führt, und ein zuverlässiges Schulungssystem, das langsam, aber sicher bergan leitet.

Mit diesem wollen wir uns im Nachstehenden befassen.

Von den okkulten Grundkräften im Menschen

Es dürfte manchem Leser bereits bekannt sein, dass die esoterischen Schulen des Ostens, besonders jene des Transhimalaya, die Lehre von sieben okkulten Grundkräften vertreten. Schon die große H. P. Blavatsky hat auf diese Lehre hingewiesen und versucht, sie dem europäischen Denken näherzubringen. Pseudo-Okkultisten und Talmirosenkreuzer haben später Blavatskys erhabenes System bis zur Unkenntlichkeit entstellt und als eigenes Geistesprodukt ausgeschrien.

Die Lehre von den sieben Grundkräften ist für das richtige Erfassen der nachstehenden Darlegungen über Konzentration und Meditation von größter Wichtigkeit. Sie zeigt uns, welche Kräfte in uns tätig sind, welche überwunden werden müssen und welche zur Entwicklung gelangen sollen.

Die sieben Grundkräfte werden in eine niedere Gruppe (*Vierheit*, als Viereck symbolisiert) und in eine höhere Gruppe (*Dreiheit*, als Dreieck symbolisiert) eingeteilt. Die niederen Kräfte sind mehr *psychisch*, die höheren *spirituell*. Die spirituellen sind im Kosmischen „verankert“ und werden deshalb mit Recht „geistige“ genannt.

Die niedere Vierheit besteht aus folgenden spezifischen Energieformen oder Naturkräften:

1. Das Linga-Sharira: der „feine“ Körper, auch oft „Astralkörper genannt. Er ist das elektromagnetische Substrat des physischen Körpers, die geheimnisvolle Naturkraft, welche die chemischen Moleküle zur menschlichen Farm gestaltet. Eigentlicher Sitz der Sinne und Instinkte, steht in innigem Kontakt mit dem Nervensystem.

2. Der Prana: wörtlich „Lebensodem“. Die durch die Atmung eingezogenen Lebenskräfte elektrischer Art. Die Gesamtsumme der sogenannten Nervenfluide und Elektronen. Die „Lebenskraft", als deren kosmische Energiequelle die Sonne gilt.

3. Der Kama: wörtlich „Begierde". Die Blutenergie, als Quelle der Leidenschaft, Impulse und Triebe. Die niedere Willensenergie. Die roten Blutkörperchen gelten als Kraftpunkte elektrischer Energie,

4. Das Cittam: auch das niedere Manas genannt. Das ätherisch-geistige Gedankenelement, auch „Denkprinzip" genannt. Die äußerst plastische, bildergestaltende Äthersubstanz, aus der sich alle Vorstellungen, Gedanken und Gedankenformen bilden. Spielt eine wichtige Rolle im Yoga, da das Bestreben des Praktikers darauf gerichtet sein muss, die Herrschaft über diese subtile Substanz oder Essenz zu erlangen.

Die höhere Dreiheit:

5. Das höhere d. h. transzendentale Manas: entspricht dem transzendentalen Subjekt des du Prel. Eine atomistische, äußerst subtile und plastische Substanz. Ist im derzeitigen Menschen *nur zum kleinsten Teil* aktiv und äußert sich da als höheres, mehr abstraktes Denken, als sittlicher Wille, schöpferisch-geistige Gestaltungskraft, Ich-Bewusstsein, Intuition, Gewissen, Ahnungsvermögen usw. Wird erst in kommenden Entwicklungsperioden zur vollen Entfaltung kommen; kann nur durch Yoga-Praxis schon jetzt erweckt werden. Urständet in der manifesten, *kosmischen* Ideenbildung und ist potenziell allwissend. Der magische Wille des Yogi ist das höhere Manas in Tätigkeit. Bei der Mehrzahl der Menschen ist das Manas nur als *negativ-passive* Strömung vorhanden.

6. Die Buddhi: wörtlich „das Erkenntnislicht", der Vernunftfunken. Im derzeitigen Menschen ebenfalls nur als *negativ-passive* Strömung im Rückenmarkskanal pulsierend. Wenn durch den geistigen Willen des Yogi erweckt, wird Buddhi zur elektromagischen Energie, Kundalini genannt.

Buddhi urstandet in der latenten, *kosmischen* Ideenbildung. Im gewöhnlichen Leben wirkt Buddhi als Unterscheidungskraft; es ist der Vernunftfunken, der uns ermöglicht, zwischen Recht und Unrecht, zwischen dem Wahren und Falschen zu unterscheiden und uns erkennen lässt, dass das Wahre wahr und das Falsche falsch ist, eine Fähigkeit, die uns in Traum und Hypnose fehlt, weil die Verbindung mit Buddhi bzw. dem höheren Manas unterbrochen ist.

Durch spirituelle Lebensführung, Meditation und Konzentration kann die Tätigkeit der Buddhi verstärkt werden; es tritt dann „Intuition mit Sicherheit" oder eine mehr oder minder glänzende *Erleuchtung* ein, die sich in den hohen und höchsten Stufen bis zum außerweltlichen Schauen steigert.

7. Der Atma: das „Pneuma" der Gnostiker, das „Mysterium des Lichtreichs", von dem Jesus in den geheimen Lehren der Pistis Sophia spricht[1)].

Atma ist das „unendliche Lichtmeer der Gottheit", von dem die Upanishaden lehren, dass es durchaus aus *Erkenntnis* besteht. Die *Wurzel* allen Seins und Bewusstseins. Buddhi, Manas und alle übrigen psychischen und physischen Energien strahlen aus Atma aus.

Das Endziel des Yogastrebens ist die praktische Vereinigung und Einswerdung mit diesem höchsten Prinzip der Erkenntnis im All, dem einzig Ewigen und Unveränderlichen. Selbst die Buddhi ist nur ein von Atma ausgestrahlter Widerschein. Der „Stein der Weisen" ist ein Symbol des Atma.

Der Nirvana-Zustand ist nichts anderes, als der durch die Vereinigung mit Atma erlangte übermenschliche bzw. göttliche Erkenntniszustand des vollen Yogi. Im Allgemeinen ist sich der Durchschnittsmensch seiner höheren „Dreiheit" nicht oder doch nur ganz wenig bewusst.

Diese Kräfte bilden sein „transzendentales Selbst" und liegen *unterhalb* der normalen Bewusstseinsschwelle. Nur selten dämmert ihm eine dunkle Ahnung auf, dass der

---

1) Pistis Sophia. Das interessanteste, okkulte Werk aus der Zeit des Urchristentum. Eine wahre Geheimlehre Jesu.

Gehirnverstand, auf den er so stolz ist, nur die unterste Sprosse auf der hohen Leiter der Erkenntnismöglichkeiten ist.

Abnorme Kräfte äußern sich in Träumen und somnambulen Zuständen. Diese haben hauptsächlich mit den unterbewussten Funktionen des Linga Sharira und Cittam zu tun, nur selten mit dem höheren Manas, das in Verbindung mit der Buddhi den *Latenten Genius* bildet. Dieser schlummernde Genius kann durch Yoga (Konzentration und Meditation) erweckt werden und bildet dann die „Brücke“ zum Atma, zur „*Absolutheit*“.

Diese wenigen Winke mögen intuitiven Gemütern ein Wink sein, weich großartige Möglichkeiten jenen offen stehen, die entschlossen sind, den *Pfad des Yoga* mit Mut, Ausdauer und Energie zu wandeln[2)].

Nach dieser notwendigen, theoretischen Einleitung wollen wir uns nunmehr der praktischen Seite unserer Sache zuwenden.

---

2) Wertvolle Ergänzungen zur gegenwärtigen Abhandlung bietet das Buch: Arya-Marga, praktische Einführung in den Okkultismus der Upanishaden, vom gleichen Verfasser.

Erste Winke für die Praxis

Im Vorstehenden wurde angedeutet, dass alle Kräfte und Fähigkeiten der kommenden Rassen als Keime, als passive Strömungen, in jedem von uns latent liegen. Sofort drängt sich intuitiven Köpfen die berechtigte Frage auf, ob es denn dem Einzelnen nicht möglich sei, diese Höherentwicklung durch geeignete Mittel zu beschleunigen und dem regulären Entwicklungsgang gewissermaßen vorauszueilen. Diese Frage darf getrost mit *Ja* beantwortet werden.

Der deutsche Mystiker Freiherr v. Eckartshäusen sagt: „Der Mensch besitzt die Fähigkeit, sich vom Tiermenschen zum Geistmenschen aufzuschwingen" und auch die Bibelphilosophen wussten ganz genau, was sie mit den Worten: „Zuvor der sinnliche Mensch, dann der geistige Mensch" ausdrücken wollten.

Es handelt sich jedoch für den nach Erkenntnis Strebenden in erster Linie darum, zu wissen, welche Schritte getan werden müssen, um den Pfad des höheren Lebens zu betreten und folgende Einzelheiten mögen vielleicht dazu beitragen, strebenden Anfängern einige praktische Winke über das was nottut, zu geben.

Vor allem muss im Auge behalten werden, dass der Mensch eine Doppelnatur besitzt: nämlich eine höhere (die Dreiheit) und eine niedere Natur (Vierheit). Niedere Instinkte, Begierden, Leidenschaften, Zorn, Ärger, Neid, Eifersucht usw., gehören der niederen oder tierischen Natur an; Glaube, Hoffnung, Nächstenliebe, Treue, Mut usw. sind Äußerungen unserer höheren, mehr göttlichen Natur. Ein Mensch, welcher nach dem höheren Leben mit seinen großartigen Möglichkeiten verlangt, muss nun dahin streben, diese niederen Tendenzen in höhere Kraftformen umzuwandeln d. h. die Leidenschaften, Triebe und Schwächen des Sinnesmenschen müssen abgestreift werden und hier berühren wir einen höchst wichtigen Punkt im praktischen Leben.

Vergleichen wir beispielsweise die niedere Natur mit einem Ross, den höheren Willen des Menschen mit einem Reiter. Der Reiter soll das Ross lenken, der sittliche Wille die niedere Natur beherrschen. Bei den meisten Menschen ist es aber gerade umgekehrt. Sie bleiben ihr ganzes Leben lang nur der Gaul, weil sie es nicht verstehen, die niedere Natur in die Zügel zu nehmen.

Gleich dem gehetzten Saul finden sie zeitlebens weder Ruhe nach Rast und dann klagen sie über das „irdische Jammertal". So lassen sich z. B. manche Menschen von Ärger und Neid stundenlang plagen, anstatt mit dem Schwerte des Willens ihre Schwäche kraftvoll zu überwinden. Dann gibt es wieder Leutchen, die sich tagelang wütend darüber giften können, dass gerade sie nicht zu den Kriegs und Revolutionsgewinnern gehören.

All dies sind Schwächen, welche der niederen Natur und bornierten Selbstsucht entspringen. Viele Menschenkinder verbringen einen großen Teil ihrer schönsten Lebenszeit mit solchen und ähnlichen Gefühlen, ohne auch nur das Geringste dabei zu gewinnen.

Hier gilt es den geistigen Willen zu stählen. Bei vielen Menschen ist dieser sittliche Wille so schwach entwickelt, dass man den Deterministen recht geben und an der Freiheit des menschlichen Willens überhaupt zweifeln möchte. Und doch könnte jeder Mensch schon zu Lebzeiten der Erlösung von den niederen Kräften teilhaftig werden, wenn er sich nur bemühen wollte, mit aller Macht seiner Seele nach Vollendung zu streben. *Der **freie** Wille liegt latent; er wartet darauf, erweckt und entfaltet zu werden.* Aber in allzu vielen Fällen wird er von der niederen Natur in Sklavenketten geschlagen.

Unsere Handlungen wurzeln in unseren Denkgewohnheiten. Daher der Lehrsatz: Säe einen Gedanken und du erntest eine Tat, säe eine Tat und du erntest eine Gewohnheit, säe eine Gewohnheit und du erntest einen Charakter, säe einen Charakter und du erntest ein Schicksal. Was der Mensch denkt, zu dem macht er sich und wie der Mensch denkt, so geht es ihm früher oder später.

Denkst du unreine Gedanken so erniedrigst du dich zum Tier, denkst du erhabene Gedanken, so zieht das höhere Leben in dich ein. Gedanke und Wille sind das Geheimnis der Charakterbildung. Unser geistiger Fortschritt hängt nicht von den äußeren Verhältnissen, sondern mehr von unseren individuellen Anstrengungen ab.

Daraus ergibt sich mit Klarheit, wie wichtig es ist, eine genaue Kontrolle über das Gedankenleben auszuüben. Gedanken und Gaukelbilder der Fantasie sind es, welche die Leidenschaften und Begierden der niederen Natur entzünden und wachrufen; werden aber die Gedanken auf das höhere Leben gerichtet, dann werden sie zu segenbringenden Kräften.

Gedanken, Gefühle und Triebe sollten also streng überwacht werden, und zwar durch die Kraft eines erleuchteten Willens.

Der geistige Wille äußert sich nicht dadurch, dass man aufgeregt wird, mit der Faust in den Tisch schlägt, mit den Füßen stampft usw., *sondern in absoluter Ruhe und Selbstbeherrschung selbst unter den schwierigsten Verhältnissen.*

Dagegen ist Aufregung und Leidenschaftlichkeit stets ein Zeichen von psychischer und spiritueller Schwäche und ein Beweis dafür, dass dieses scheinbare Kraftgenie eigentlich nur von der Tyrannei seiner niederen Natur besessen ist. Ein einziger kurzer Augenblick der Leidenschaft kann uns in größere Kalamitäten bringen, als ganze Jahre ruhiger Überlegung.

Schlimme Gedanken gleichen Giftfliegen: man muss sie Verjagen, *bevor* sie sich zum Stiche niedersetzen können. Ja, ein unnützer und unreiner Gedanke sollte auch nicht für eine Minute im Gemüte Platz finden, sondern sofort ganz energisch ausgestoßen werden, damit er nicht die Leidenschaften, die zusammengekauert auf dem Sprung liegen, aufrufen kann.

Wohl ist es wahr, dass aller Anfang schwer ist, aber *Übung macht den Meister. Dabei sollte uns das Ideal der höchsten Vollkommenheit* beständig vor Augen stehen.

Wer diese Praxis der Gedankenüberwachung und Gedankenausstoßung auch nur acht Tage lang ernstlich und mit Beständigkeit ausübt und seine Worte und Handlungen dem höheren Leben anzupassen trachtet, der wird zu seiner Verwunderung erfahren, dass eine mächtige Kraft in ihm wach wird. Fährt er auf dem bereits beschrittenen Wege mit Ausdauer fort, pflegt er dabei das Gefühl reiner Menschenliebe, so wird er finden, dass das Gefühl gesicherter Macht und Stärke, sowie ein erleuchtetes Bewusstsein ihn täglich mehr und mehr erfüllen.

Während der Durchschnittsmensch von der Hochflut unbeherrschter Gedanken, Gefühle und Triebe gleich einem steuerlosen Boot hin- und hergeschleudert wird, bis es an den Klippen zerschellt, steht der nach dem höheren Leben strebende fest und unerschüttert wie der Fels in der schäumenden Brandung, und die tiefe Verheißung der *Offenbarung* wird ihm klar:

Wer überwindet, den will ich machen zum *Pfeiler* in meines Vaters Tempel und er soll nicht mehr hinausgehen.

Ist Askese notwendig?

Das Wort Askese bedeutete ursprünglich: Übung. Im dunklen Mittelalter hat es jedoch eine recht unsympathische Färbung angenommen; damals war es gleichbedeutend mit religiösem Fanatismus, Hungerkuren, Selbstpeinigung, sadistischer Selbstgeißelung usw.

Im Osten gibt es auch heute noch Sektierer und Anhänger verkehrter Praktiken, die durch derlei Mätzchen Gottes besondere Gunst erbetteln wollen. Mit der Schulung im hochgeistigen Radscha Yoga, der zu den erhabensten Stufen der transzendentalen Erkenntnis führt, haben aber derartige Verirrungen absolut nichts gemein; im Gegenteil, sie wären ein Hindernis für den Erfolg.

Nicht mit äußerlichen Dingen oder Übungen, sondern mit dem Innenleben, mit den Gedanken, hat unsere Schulung zu tun.

Immerhin möchte ich hier einige Winke für die Lebenspraxis geben, die, wenn vernünftig befolgt, nicht ohne günstigen Einfluss auf den Strebenden bleiben dürften.

Der Alkoholgenuss sollte nach Möglichkeit eingeschränkt werden; wer es vermag, wird gut tun, ihm gänzlich zu entsagen. Alkohol hat nämlich die Eigentümlichkeit, dass er gerade jene Organe und Zellbezirke im Gehirn lähmt, die der Sitz der geistigen *Willens- und Unterscheidungskraft* sind. Er stumpft ab, weil er die feineren Gehirnfasem verbrennt und führt zu einer Vergröberung der Sinne und des Bewusstseins.

Somit wirkt der Alkoholgenuss unserem Strebensziel diametral entgegen, denn unser Streben sollte darauf gerichtet sein, durch naturgemäße Lebensweise unsere Natur empfänglicher für höhere Einflüsse zu machen. Natürlich wäre sehr mäßiger oder gelegentlicher Alkoholgenuss kein absolutes Hindernis für einen Anfänger.

Ob Vegetarismus unbedingt notwendig sei? Die Frage muss verneint werden. Viele berühmte Radscha Yogis gingen aus der arischen Kriegerkaste hervor, der Fleischgenuss erlaubt war; ich erinnere nur an Arjuna in der Bhagavad Gita. Plötzlicher, unmittelbarer Übergang zum reinen Vegetarismus oder gar zur Rohkost konnte sogar höchst verhängnisvolle Folgen nach sich ziehen. Hier ist Vorsicht am Platz. Es darf nicht vergessen werden, dass wir keine Inder sind! Letztere sind erblich ganz anders veranlagt und leben in einem warmen, sonnigen Klima.

Unsere Vorfahren waren wahrscheinlich Fleischesser und wir können und dürfen uns den Gesetzen des Atavismus nicht ohne Weiteres entziehen. In kalten Klimaten braucht der Körper Fettstoffe in genügender Menge; Rohkost bietet diese nicht.

Überdies ist zur Yoga-Schulung *Kraft und Energie* nötig, die ein einseitig oder unterernährter Mensch kaum aufbringen dürfte, fanatisch betriebener Vegetarismus ist also eher ein Hindernis als eine Förderung. Doch lassen sich in Fragen der Diät keine festen Regeln aufstellen: jeder prüfe sich kritisch und treffe seine individuelle Wahl. Eines schickt sich nicht für alle. Jeder muss selbst herausfinden, was für ihn das Richtige ist.

In *sexueller* Beziehung ist Zügelung und vorsichtige Zurückhaltung sehr geraten. Der Strebende darf seine sexuellen Energien, die schöpferische Kräfte sind, nicht verschwenden. Er muss alle Lebenskräfte zusammenhalten, um sie in geistige Potenzen umzuwandeln. Durch geschichtliche Ausschweifungen werden gewisse Gehirnzentren geschwächt und gelähmt, abgesehen von dem hohen Verbrauch an Nervenkraft, Sexualexzesse mindern die Konzentrationskraft augenblicklich herunter. Deshalb wird Keuschheit in den *höheren* Graden zum Gebot gemacht.

Die tibetanische *Schule des Dzyan*, die höchste Autorität in Fragen der höheren Yoga-Technik, äußert sich über diesen Punkt wie folgt:

„Die Frage wird oft gestellt: Weshalb soll Ehelosigkeit und Keuschheit eine unerlässliche Bedingung der regelmäßigen Chelaschaft (Schülerschaft) oder der Entwicklung psychischer und okkulter Kräfte sein?

Wenn wir lernen, dass das dritte Auge (Zirbeldrüse) einstmals ein physiologisches Organ war und späterhin, infolge des allmählichen Schwindens der Geistigkeit und Zunehmens der Stofflichkeit, indem die Spiritualität durch die physische Natur erloscht wurde, dasselbe ein verkümmertes Organ wurde, das jetzt von den Physiologen ebenso wenig verstanden wird wie die Milz — wenn wir dies lernen, so wird der Zusammenhang klar.

Während des menschlichen Lebens ist das größte Hindernis auf dem Weg der spirituellen Entwicklung, und insbesondere für die Erlangung van Yogakräften, die Tätigkeit unserer physiologischen Sinne.

Natürlich wirkt der normale und abnormale Zustand des Gehirns und der Grad aktiver Tätigkeit in der Medulla oblongata mächtig auf die Zirbeldrüse (das spirituelle Auge, der Sitz des Vernunftfunkens und *Genius*) zurück, denn infolge der Anzahl der „Zentren" in jener Region, welche weitaus die größte Zahl der physiologischen Tätigkeiten der tierischen Ökonomie kontrolliert, und auch infolge der engen und innigen Nachbarschaft der beiden muss eine sehr mächtige „induktive" Einwirkung von der Medulla auf die „Zirbeldrüse ausgeübt werden".

Ein antiker Kommentar ergänzt das obige wie folgt:

„Nach der Trennung in Geschlechter, als die Menschen in den Stoff verfallen waren, wurde ihr spirituelles (transzendentales) Schauen trübe; und dementsprechend begann das dritte Auge seine Kraft zu verlieren.

Als die vierte Rasse in ihrem Mittelalter anlangte, musste die innere Schauung durch künstliche Reize erweckt und erworben werden, welcher Vorgang den alten Weisen bekannt war … (Das *innere Schauen* konnte von nun an nur durch Übung und Initiation [Yoga] erlangt werden, außer in den Fällen von ‚natürlichen und geborenen Magiern' — Sensitiven und Medien, wie sie jetzt genannt werden).

Auf gleiche Weise verschwand bald das dritte Auge, welches allmählich versteinert wurde. (Die Zirbeldrüse soll fast ausnahmslos *mineralische Absonderung* und *Sand* enthalten).

Die Doppelgesichtigen wurden die Eingesichtigen, und das Auge wurde tief in das Haupt eingezogen und ist jetzt unter dem Haar vergraben. Während der Tätigkeit des inneren Menschen (während Trancezuständen und geistigen Visionen) schwillt das Auge an und dehnt sich aus. Der Arhat (hohe Yogi) sieht und fühlt es und reguliert sein Wirken dementsprechend.

Der unbefleckte Lanoo (Schüler, Chela) braucht keine Gefahr zu fürchten; wer sich selbst nicht in Reinheit erhält (wer nicht keusch ist), wird keine Hilfe von dem „Devaauge" (Götterauge) empfangen."[3)]

Paracelsus, ein berühmter Arzt und Geheimphilosoph des Mittelalters, sagt, dass einer, der seine Sexualenergien versehwendet, einem Menschen gleicht, der sein Geld zum Fenster hinauswirft. — Durch geschlechtliche Ausschweifungen werden nämlich die aufbauenden Kräfte des Körpers herabgemindert und die Heilung vieler Krankheiten unmöglich gemacht.

Auch andere üble Gewohnheiten, z. B. übermäßiges Rauchen, sollten aufgegeben werden, da sie mehr dem sinnlichen als dem Geistigen dienen. Mit den grobsinnlichsten Gewohnheiten und solchen, die anderen am meisten schaden, sollte zuerst gebrochen werden.

---

3) H. P. Blavatsky. Geheimlehre, Band II, Seite 308/309 (Leipzig 1921).

Von der Atmung

Der Strebende sollte sich an Tiefatmung gewöhnen. Viele Menschen atmen nur mit den oberen Lungenflügeln, während der andere, größere Teil der Lunge sozusagen als „totes Kapital“ in Bewegungslosigkeit verharrt. Der Stoffwechsel und alle Oxidationsvorgänge können nur dann richtig verlaufen, wenn genügend Sauerstoff in den Körper gelangt. Die krankhaft-nervöse Kurzatmung mit den Lungenspitzen muss überwunden werden.

Bewusst und mit Willen sollten wir die Luft nach dem Unterleib ziehen; die erhöhte Sauerstoffzufuhr reinigt Blut und Nervensystem. Tiefatmung muss uns zur Gewohnheit, zur zweiten Natur werden.

Tiefatmung beruhigt das Gemüt, erleichtert uns die Selbstbeherrschung. Deshalb darf dieses yoga-technische Hilfsmittel nicht unerwähnt bleiben. In dem klassischen Lehrbuch des höheren Yoga, von dem altindischen Weisen Patanjali verfasst und von W. Q, Judge so meisterhaft übersetzt, finden wir folgenden kostbaren Wink:

„Zerstreuungen können durch eine geregelte Beherrschung oder Leitung des Atems beim Einatmen, Atemanhalten und Ausatmen bekämpft werden.”

Die Übung verläuft wie folgt. Die Luft wird langsam, nach dem Unterleib zu, eingezogen, eine Sekunde dort festgehalten und dann wieder langsam ausgeatmet. Es handelt sich hier um einen Kunstgriff, der auch gegen innere Unruhe, Nervosität, Furcht, Ängstlichkeit und andere unliebsame Gemütszustände angewandt werden kann, jedoch *nicht übertrieben* werden sollte.

Wir werden später auf die „kleine Konzentration” und die Meditation zu sprechen kommen. Beide Übungen können ohne geregelte Tiefatmung nicht gut ausgeführt werden. Denken und Atmen stehen in innigster Wechselwirkung, und volle Konzentration erreichen nur jene, die harmonisch zu atmen verstehen.

Die erhöhte Sauerstoffmenge verbrennt alle Unreinigkeiten und Schlackstoffe im Körper, reinigt das Blut von Harnsäure und erzeugt eine klare, glatte, glänzende Haut. Die elektrische Spannung in den Zellen wird erhöht. Alle Heilprozesse verlaufen rascher und sicherer; das Fleisch wird fester, widerstandsfähiger. Der hohe physiologische Wert ausgiebiger Sauerstoffeinnahme war den arischen Weisen schon vor Zeltaltern bekannt.

Es handelt sich also um Tiefatmung im Allgemeinen und Anwendung des obigen Tiefatmungskunstgriffs im Besonderen.

Obige Atemübungen sind jedoch nur Hilfsmittel in der Praxis; sie sind nicht das Wesentliche. Allgemein gesprochen bewegt sich die Yoga-Schulung in drei parallelen Linien vorwärts, nämlich: *körperlich* durch naturgemäße Lebensweise, sorgfältige Diät, Körperpflege, Enthaltsamkeit von Kulturgiften und Ausschweifungen jeglicher Art usw. Dadurch wird die Physis ätherischer und sensitiver. Harmonische Atmung;

intellektuell durch Schulung des Intellekts nach bester Möglichkeit, Vertiefung des Wissens, selbstständiges Denken und Urteilen, Ausbildung des abstrakten Denkens, Pflege geistiger Interessen (Kunst, Wissenschaft, Literatur usw.);

moralisch durch selbstverleugnende Hingabe an das Allgemeinwohl, philosophische Lebensauffassung, Selbstkritik und Selbstbeherrschung, Pflichterfüllung. Dazu kommen noch die durch Yoga zu erwerbenden transzendentalen Tugenden und Fähigkeiten.

Die Yoga-Schulung ist also eine sehr vielseitige, und mit Recht wird der höhere Yoga die Wissenschaft der Wissenschaften genannt, denn der forschende Praktiker kommt im Lauf seiner Studien mit den verschiedenartigsten Wissensgebieten und Gebieten menschlicher Erfahrung in Berührung.

Er verfällt nicht in den Fehler des Sportfanatikers, der nur den Körper, oder des Intellektuellen, der nur den kalten Verstand, oder des Moralisten, der nur die Ethik ausbilden will und alle übrigen Faktoren aus dem Auge verliert.

So entwickelt der Athlet einen Stiernacken, aber weder Verstand noch Moral, der Intellektualist verkümmert körperlich und übersieht das ethische Moment, und der Moralprediger fordert nicht selten das Opfer des gesunden Menschenverstandes (sacrifizio dell' intelletto) und verachtet den Körper, wie im Fall religiöser Fanatiker.

All dies sind einseitige Strebensziele, die nur zum Fanatismus und schließlich Misserfolg führen können. Der pädagogische Wert des höheren Yoga liegt somit auf der Hand. In Amerika hat man die Grundsätze dieses psychologischen Schulungssystems in den Schulen angewandt und bemerkenswerte Resultate erzielt.

Die „kleine“ und die „große“ Konzentration

Konzentration heißt: Zusammenziehung, *Zusammenfassung der Kräfte* in der Richtung auf ein gegebenes oder gestecktes Strebensziel.

Die „kleine Konzentration“ besteht in Gedankenkonzentrationsübungen, die den Strebenden nach und nach befähigen sollen, seine Aufmerksamkeit zu sammeln und die Herrschaft über das Denkprinzip (Cittam) zu erlangen.

Dadurch wird Gemütsfestigkeit und geistige Willensstärke erzielt. Nicht Hellsehen, sondern gesteigerte Selbstbeherrschung ist hier das Strebensziel.

Die „kleine“ Konzentration ist der Vorläufer zur „Meditation“, zur restlosen, bewussten Beherrschung der Denkmaschine für beliebig lange Zeit.

Die „kleine“ Konzentration und „Meditation“ sind lediglich Hilfsmittel, Hilfsmittel unter anderen, für die erfolgreiche Ausübung der „großen Konzentration“.

Die „große Konzentration" besteht in der restlosen *Zusammenfassung aller Lebenskräfte und im unerschütterlichen, machtvollen Streben nach dem Ziel der höchsten physischen, intellektuellen und spirituellen* (sittlichen) *Vollkommenheit unter Anwendung aller yoga-technischen Hilfsmittel in der Erweckung des „latenten Genius" und in der schließlich Einswerdung mit dem unendlichen Lichtmeere der Gottheit.*

Die Übung der „kleinen" Konzentration

Wie eingangs erwähnt, lautet der fundamentale Satz der höheren Yogalehre oder esoterischen Psychologie der Arier wie folgt:

Yogaç citta-vritti-nirodhah.[4)]

zu deutsch: Konzentration oder Yoga ist das Verhindern der Veränderungen des Denkprinzips (cittam).

Vom richtigen Erfassen dieses grundlegenden Lehrsatzes hängt der Erfolg in der Praxis ab. Deshalb sagt Judge, der größte, echte (!) Praktiker nach Blavatsky: „Das ganze System dreht sich um diesen Aphorismus."

Bevor wir zu den eigentlichen Übungen übergehen können, müssen die obigen Begriffe genau definiert und erläutert werden.

a) *Denkprinzip*, cittam: das ätherische Gedankenelement, das quecksilberartig in beständiger Bewegung befindliche Etwas, aus welchem sich unsere Gedanken, Gedankenbilder und Vorstellungen bilden, die Denksubstanz. Es ist in beständiger Umgestaltung begriffen und wird durch jeden Sinneseindruck angeregt und verändert. Das Resultat davon ist ein beständig wechselndes Panorama von Gedankenbil-

---

4) Dieser Fundamentallehrsatz, von dem das ganze Verständnis der Lehre abhängt,übersetzt Deussen wie folgt: "Yoga ist die Unterdrückung der Funktionen des Bewusstseins." (Geschichte der Philosophie, I. Band, 3. Abt., 8. 511.) Diese yoga-technisch ungenaue Wiedergabe kann leicht zu der gänzlich falschen Annahme führen, als ob ein Herabdämpfen des Bewusstseins, eine Art Autohypnose oder gar völlige Bewusstlosigkeit erstrebt würde. Gerade das Gegenteil soll bezweckt werden: Läuterung der Gedankensphäre, unerschüterlicher, geistiger Wille, Erleuchtung! Der Fall zeigt, dass auch hervorragende Sanskritkenner, als Theoretiker, leicht über technische Fachausdrücke (hier cittam) stolpern können.

dern, die während des Wachzustandes unser Bewusstsein erfüllen.

b) Die Veränderungen des Denkprinzips (cittam) entstehen hauptsächlich durch Sinneseindrücke (Sensationen), Aneinanderreihung von Gedankenbildern ist Ideenassoziation. Jeder sinnliche Eindruck, bewusst wahrgenommen, erzeugt entweder einen Gedanken, ein Gedankenbild oder eine ausgeprägte Vorstellung, je nach der Stärke der Sensation. All dies sind sogenannte „Veränderungen" des plastischen Denkprinzips.

Sinneseindrücke erreichen uns durch das Gesicht, Gehör, den Geruch, Geschmack und das Gefühl. Nachstehend einige Beispiele, welche zeigen sollen, wie das Denkprinzip auf verschiedene Sinneseindrücke reagiert.

Gesichtssinn: wir sehen bzw. lesen den Text einer Reisebeschreibung. Sofort nach Beginn des Lesens entstehen in unserem Bewusstsein die verschiedensten Gedanken, Bilder und Vorstellungen über das Gelesene: Menschentypen, landschaftliche Szenerien, exotische Tiere und Pflanzen usw.

Gehörsinn: heftiges Läuten auf der Straße. Entstehende Veränderung im Denkprinzip: Das ist die Feuerwehr — wo wird es wohl brennen? — Vorstellungen von Rauch und Flammen.

Geruchsinn: verbrannter Geruch. Entstehender Gedanke: Da riecht es nach verbrannter Milch — Vorstellung von einem überlaufenden Milchtopf, kochender Milch, leichtsinnigen Köchin.

Geschmacksinn: Genuss eines Salzherings. Entstehender Gedanke: „Da werde ich einen schönen Durst bekommen", oder humorvolle Erinnerungsbilder aus der Militärzeit, wo Hering Trumpf war.

Gefühlssinn: ungeheure Hitze. Entstehender Gedanke: Heute kommt sicherlich ein Gewitter. Vorstellungsbilder: dunkle Wolkenmassen, zuckende Blitze, Donnerschläge, prasselnder Regen.

Selbst sehr flüchtige Eindrücke, bewusst wahrgenommen, erzeugen Bilder und Vorstellungen, aber meistens nur recht unbestimmte und verschwommene. Mangel an Konzentration im gewöhnlichen Leben ist darauf zurückzuführen, dass jeder Sinneseindruck neue Gedankenbilder erzeugt und die alten, die wir festhalten möchten, verdrängt.

Dies erklärt auch, warum wir fremde Geräusche oder Gespräche anderer als Störungen empfinden.

Das Cittam, als ätherisch-geistiges Gedankenelement, wirkt nicht nur im Gehirn, sondern in jeder Zelle des Körpers, besonders auch in den Nervenplexi und Ganglien, die als Organe des „Unterbewusstseins" betrachtet werden können. Für den Praktiker der höheren Grade handelt es sich darum, das Cittam in *allen* Zentren des Körpers zu beherrschen.

Dies geschieht durch den „geistigen Willen", der nur durch intensive Selbstbeherrschung entdeckt und entwickelt werden kann. Der „geistige Wille" ist eine Wirkungsform des höheren Manas, das nur durch Yoga erweckt werden kann, sonst aber als der im Unterbewussten schlummernde „latente Genius", der „unsterbliche Seelenteil", das „transzendentale Subjekt" zu betrachten ist.

Das Cittam entspricht der „Psyche" der europäischen Schulen, von denen manche in den Fehler verfallen, es mit der unsterblichen „Seele" zu identifizieren oder zu verwechseln.

Das Denkprinzip (cittam) untersteht der Herrschaft des geistigen Willens (Manas) und ist ein Werkzeug oder Instrument des letzteren. Andererseits ist das körperliche Gehirn nur der Resonanzboden für die Tätigkeit bzw. Einwirkungen des ätherischen Denkprinzips. Somit besitzt das Denkprinzip Funktionen eigener Art, verschieden von Gehirn und Seele.

c) Für den Schüler handelt es sich nun darum, den Willen so zu schulen, dass er fähig wird, das Denkprinzip zu jeglicher Zeit und für jede beliebige Zeitlänge auf einen einzigen Gedankenpunkt, unter Ausschluss alles sonstigen, zu richten, wir müssen das zu erreichen suchen, was die Hindus Ekagrata, d, h. das „Auf-einen-Punkt-Gerichtetsein" oder Einzieligkeit nennen.

Die Konzentrationsfähigkeit muss bis zu einem solchen Grade entfaltet Werden, dass wir es fertigbringen, selbst im größten Lärm und Tumult unser Denkprinzip auf *einen* Punkt zu heften und dort beliebig lang festzuhalten. Das ist lediglich Übungssache.

Bei der „Meditation" handelt es sich sogar darum, die „Denkmaschine" für längere Zeit völlig zum Stillstand zu bringen, so dass nur das erleuchtete „Bewusstsein an sich" übrig bleibt.

Ein solcher Mensch hat dann Denken, Wollen und Fühlen restlos in der Gewalt und vermag sich jederzeit auf eine höhere Bewusstseinsebene zu erheben. Geradeso wie das intellektuelle Bewusstsein über dem Instinkt steht, so steht auch dieses spirituelle (erleuchtete) Bewusstsein über dem intellektuellen.

Weit über dem spirituellen Bewusstsein steht das *kosmische*, das jedoch nur von Praktikern der hohen und höchsten Grade erreicht wird. Es ist ein mehr göttlicher als menschlicher Bewusstseinszustand, auf den Christus mit den Worten anspielt: „Ich und der Vater sind eins."

Die Weisheitsschulen des Altertums waren über die Entwicklung und Erweiterungsmöglichkeiten des menschlichen Bewusstseins genau unterrichtet, kannten auch die einschlägigen Schulungsmethoden in vollem Umfang.

Doch zurück zur Praxis. Welche Hilfsmittel gibt es zwecks Erlangung von Konzentration und Konzentrationsfestigkeit? An erster Stelle kommen unmittelbare Sinneswahrnehmungen infrage. Zum Beispiel: ein Punkt an der Wand.

Man nehme ein Stück weißes Papier in Postkartengröße, zeichne darauf mit Tinte einen Punkt in der Größe eines Zweimarkstücks und hefte das Papier an die Wand in Augenhöhe, sitzender Stellung angepasst.

Die Übung selbst sollte in einem ruhigen, ungestörten Zimmer vorgenommen werden, sitzend, bei bequemer Körperhaltung, ohne krampfhafte Anspannung irgendwelcher Art. Zuvor sind einige Minuten der Ruhe und inneren Sammlung nötig, denn Leidenschaftlichkeit und aufgeregtes Wesen vereiteln das Gelingen.

Sodann fasse man den Punkt fest ins Auge und denke einzig und allein an diesen Punkt, oder noch besser: ähnlich einem Schützen versuche man, einzig und allein auf den Punkt zu zielen, unter Unterdrücken aller übrigen Gedanken. Für die Dauer weniger Sekunden wird dies gelingen, dann tauchen plötzlich fremde Gedanken, andere Gedankenbilder auf und lenken die Aufmerksamkeit ab.

Die Übung muss neuerdings begonnen werden. Diesmal gelingt sie schon einige Sekunden länger. Da stellt sich plötzlich ein neues Hindernis ein. In seinem Eifer hat der Schüler — das Atmen vergessen. Mit dem Denken hat er gleichzeitig den Atem angehalten und ist über die Atmung gestolpert! Das ist Anfängerpech, darf aber nicht entmutigen. Patanjali lässt uns nicht im Stich; er lehrt:

„Zerstreuungen können durch eine geregelte Beherrschung oder Leitung des Atems beim Einatmen, Atemanhalten und Ausatmen bekämpft werden."

Auf dieses Hindernis bei der Konzentration habe ich schon anfangs hingewiesen. Wir müssen uns daran gewöhnen, den Atem ruhig, normal und ungehemmt weiterlaufen zu lassen. Wer bereits an Tiefatmung, wie sie an den Singschulen gelehrt wird, gewöhnt ist, wird sich bei seinen Konzentrationsübungen leichter tun.

Es kommt sehr häufig vor, dass der Schüler während seiner Übungen ermüdet und passiv-negativ wird oder *die Neigung fühlt, einzuschlafen.* In solchen Fällen ist die Übung sofort abzubrechen.

Das Gleiche gilt, wenn fremdartige Einflüsse gefühlt werden. Es empfiehlt sich deshalb, die Übungen morgens zu machen, solange wir uns frisch und munter fühlen und die volle körperliche Spannkraft vorhanden ist.

Als Grundregel möge übrigens im Gedächtnis behalten werden, dass der Übende in allen Fällen wach, tätig und positiv bleiben muss; passives Dahindösen könnte zur Entwicklung unerwünschter mediumistischer Fähigkeiten führen, Yogi und Medium sind die beiden entgegengesetzten Pole; ersterer ist angespannt tätig und wird so befähigt, das Gedankenelement zu beherrschen, letzteres durchaus passiv und läuft so Gefahr, eine Beute fremder, oft übler Gedankenformen und Gedankenströmungen zu werden.

Zu vermeiden ist ferner die Anspannung von Muskeln im Hals und Genick, überhaupt alle Gewaltanwendungen. Der Anfänger wird gut tun, die Übungen kurz zu halten und lieber mehrmals zu wiederholen. Überanstrengungen oder Übertreibungen sind Schlechter als nutzlos.

Es kann nicht oft genug darauf hingewiesen werden, dass diese Konzentrationsübungen nicht den Zweck haben, Hellsehen zu entwickeln. Was bezweckt werden soll, ist eine höhere Form der Selbstbeherrschung durch Bemeisterung des Denkprinzips, weil ohne letztere die „große Konzentration", auf die wir noch ausführlich zurückkommen, nicht durchgeführt werden kann.

Bei einigem Fleiß wird der Strebende herausfinden, dass es tatsächlich möglich ist, das Denken für einige Zeit zu unterdrücken, anfänglich vielleicht nur zehn Sekunden, dann zwanzig, dreißig, sechzig Sekunden und später, mit fortschreitender Praxis und Erfahrung, wird es ihm leicht fallen, seine Denkmaschine minutenlang und länger in gewellten Ruhestand zu versetzen.

Damit meine ich nicht denkfaules Dahindösen, sondern einen positiven Willens- und überintellektuellen Machtzustand, der für niedere, psychische Einflüsse völlig unempfindlich und unzugänglich macht. Cittam wird passiv-negativ, Manas wird positiv-aktiv.

Konzentration kann auch bei anderen Gelegenheiten, mitten im praktischen Leben, geübt werden — sogar beim Händewaschen, wenn wir unsere Aufmerksamkeit einzig und allein dem Vorgang zuwenden oder beim Spazierengehen. Wir sehen vor uns, in weiter Entfernung, eine weiße Tafel, ein blinkendes Fenster oder sonstiges, auf diese können wir so lange Auge und Aufmerksamkeit richten, bis wir am Konzentrationsziel angelangt sind. Das klassische Lehrbuch des Patanjali drückt sich wie folgt aus: Buch I:

§ 12: Das Verhindern der bereits erwähnten Veränderungen des Gemüts (hier gleichbedeutend mit Denkprinzip, cittam) muss durch Übung und Leidenschaftslosigkeit bewirkt werden.

§ 13: Übung ist die *ununterbrochene* und *wiederholte* Anstrengung, dass das Gemüt in seinem unbewegten Zustand verbleiben soll.

Judge-Kommentar: „Dies will sagen, dass wir, um Konzentration zu erwerben, wieder und wiederum Anstrengungen machen müssen, eine solche Herrschaft über das Gemüt (Denkprinzip) zu erlangen, dass wir es zu jeder Zeit, wenn es nötig erscheint, in einen unbewegten Zustand zurückführen können, oder es auf irgendwelchen Einzelpunkt, unter Ausschluss aller übrigen, zu richten vermögen."

§ 14: Diese Übung ist eine feste Stellungnahme gegenüber dem ins Auge gefassten Ziel und muss mit Ausdauer für lange Zeit ohne Unterbrechung ausgeführt werden.

Judge-Kommentar: „Hieraus darf der Lernende nicht schließen, dass er nie Konzentration erwerben kann. Wenn er ihr nicht jeden Augenblick seines Lebens widmet, denn die Worte ‚ohne Unterbrechung' beziehen sich bloß auf die Länge der Zeit, die für die Übung in Aussicht genommen wurde."

§ 3: Zur Zeit der Konzentration verharrt die Seele in dem Zustande eines Zuschauers ohne ein Schauspiel.

Judge-Kommentar: „Dies nimmt Bezug auf die Vollkommenheit der Konzentration und ist jener Zustand, in dem die Seele durch *Verhinderung* der erwähnten Veränderungen (des cittam) in einen Zustand des Seins versetzt worden ist, in welchem keinerlei Berührung oder Beeindruckung durch irgendwelche Dinge stattfindet. Die „Seele“, auf die hier Bezug genommen wird, ist nicht Atma, welcher Geist ist.”

Hier wird eine kurze Erläuterung notwendig. Die „Seele“, von welcher hier gesprochen wird, ist das höhere Manas (bzw. manas-buddhi). Sie ist Bewusstsein an sich, das heißt: ein Bewusstseinsfeld oder Bewusstseinszentrum, das über allem Denken steht, denn wenn wir das Denken niederhalten, verlieren wir deshalb nicht das Bewusstsein, sondern erkennen vielmehr, dass wir eine überintellektuelle, geistige Kraft besitzen, die uns befähigt, das Denken zu beherrschen.

Dieser geistige Wille ist eine Äußerung des höheren Manas, hier „Seele” genannt, und wurzelt im transzendentalen Subjekt.

Atma gehört einer noch weit transzendentaleren Stufe an; er ist reingeistiges, göttliches *Licht*.

Bei vollkommener Gedankenbeherrschung besitzen wir wohl volles Bewusstsein und geistiges Schauen, aber es fehlt das Gedankenschauspiel. Die Veränderungen des Denkprinzips ruhen; Gedanken, Gedankenbilder und Vorstellungen fehlen.

§ 4: Zu *anderen* Zeiten, als derjenigen der Konzentration, ist die „Seele“ in der *gleichen* Form, wie die Veränderung des Denkprinzips.

Judge-Kommentar: „Dies bezieht sich auf den Zustand der „Seele" im gewönlichen Leben, wenn Konzentration nicht ausgeübt wird, und bedeutet, dass, wenn das innere Organ, das Gemüt (Denkprinzip, cittam), mittels der Sinne durch die Form irgendeines Gegenstandes verändert wird, alsdann auch die Seele — indem sie den Gegenstand durch ihr Organ, das Gemüt, betrachtet — sozusagen in jene Form umgewandelt wird, geradeso wie eine Marmorstatue, bei rötlichem Licht gesehen, dem Betrachter rötlich erscheinen wird und für die Sehorgane auch so aussieht, solange jenes rötliche Licht darauf scheint."

Mit „Seele" ist hier immer noch das höhere Manas eine hochgeistige äußerst plastische Substanz gemeint, die sich den Veränderungen und Bewegungen des Denkprinzips (cittam) anpasst und beständig von letzterem beeindruckt wird, solange Manas nicht positiv wirkt. Das Cittam ist der Gaukler, der das Manas an der Nase herumführt und von einer Illusion in die andere versetzt. Beispiel: ich erblicke eine mit völlig fremde Person, deren wirkliche Eigenschaften mir gänzlich unbekannt sind.

Aber sofort beginnt das Cittam sein trügerisches Spiel, gaukelt mit Gedanken, Anschauungen und Vorstellungen vor und verleitet mich schließlich zu einem Urteil über die betreffende Person, das gänzlich verkehrt ist. Auf diese Weise *färbt* das Cittam die betrachteten Dinge und führt uns beständig irre. Ich habe in diesem Fall die betrachtete Person nicht so erkannt, wie sie wirklich ist, sondern so, wie das Cittam mir sie vorgaukelte. Deshalb lehrt die östliche Psychologie, dass wir ohne richtige Konzentration (Beherrschung des Cittam) keine *wahre* Erkenntnis erreichen können, sondern in einer Sphäre der Maya (Illusion) leben und dass dieser unvollkommene Zustand durch Yogaschulung überwunden werden müsse.

Bei fortschreitendem Training erkennt der Strebende klipp und klar den ganz fundamentalen Unterschied zwischen Seele (Manas[5]) und *Denkprinzip* (cittam, Psyche) und lernt beide *auseinanderzuhalten*, was dem europäischen Psychologen mit gewöhnlichen Mitteln wohl kaum gelingen dürfte.

Mit Bezug hierauf lehrt das Yoga-Sutram:

§ 16: Leidenschaftslosigkeit, bis auf das äußerste durchgeführt, ist Gleichmut gegen alles außer der Seele, und

5) Natürlich ist hier das *höhere Manas* gemeint; das *niedere* Manas ist das gleiche wie Ciltam.

diesem Gleichmut entspringt die Erkenntnis, dass die Seele als solche ein von allem anderen *Unterschiedenes* ist.

Aber das Cittam ist nicht nur ein Gaukler, sondern auch ein Verführer. Über diesen Punkt drückt sich H, P. Blavatsky wie folgt aus: Um uns von Kama (den Leidenschaften, Begierden, Trieben) zu befreien, müssen wir alle unsere materiellen Instinkte unterdrücken — „die Materie unterdrücken". Das Fleisch ist ein Gewohnheitsding; es wird einen guten Antrieb ebenso wohl wiederholen, wie einen schlechten. *Nicht das Fleisch ist es, das immer der Versucher ist, in neun Fällen von zehn ist es das niedere Manas (cittam), das durch seine Bilder das Fleisch in Versuchung führt.* (Esoterik S. 559.)

Und ferner:

Reinheit des Gemüts ist von größerer Wichtigkeit als Reinheit des Körpers. Wenn der Upadhi (psychische Basis) nicht vollkommen rein ist, kann er keine Rückerinnerungen aufbewahren, die aus einem höheren Zustande kommen. Eine Handlung mag vollbracht werden, der wenig oder gar keine Aufmerksamkeit gezollt wird, und sie ist von verhältnismäßig geringer Bedeutung.

Aber wenn man darüber nach denkt, wenn man im Gemüte über ihr brütet, so ist die Wirkung tausendmal größer. Die Gedanken müssen rein gehalten werden. (Esoterik S. 570.)

Nicht das Fleisch an sich, nicht der „Zellstaat" ist der wirkliche Versucher, sondern die durch die Sensationen hervorgerufenen Gedanken, Gedankenbilder und Vorstellungen sind die Zünder, die den Kama, die Blutenergie, in Brand setzen. Letztere wird dann erst zur treibenden Kraft. All dieses zeigt, wie überaus wichtig es ist, die Tätigkeit des Denkprinzips zu überwachen.

Der Strebende sollte sich zu der Erkenntnis durchringen, dass die Menschenseele keine Einheit, sondern eine Zweiheit ist. Sie besteht aus einer empirischen *Psyche* (Denken, Fühlen und Wollen) und einem spirituellen *Ego*, das sich als geistiger Wille und höhere Unterscheidungskraft kundtut, zum größten Teil aber latent ist.

Das *Ego* sollte Herrscher sein, die *Psyche* Dienerin. Beim Durchschnittsmenschen besteht aber gerade das entgegengesetzte Verhältnis, *weil er sich mit der Psyche identifiziert*, anstatt sie als sein *Scheinselbst* („die nachgemachte Seele" der Gnostiker) zu erkennen und sie an dienende Stelle zu verweisen.

Die Psyche ist ein Bündel von feineren Naturkräften und keineswegs unser spirituelles Ego, unser transzendentales *Geistselbst*, das wir durch Yoga erwecken sollten.

Der antiken Mahnung: „Mensch, erkenne dich selbst!" liegt eine tiefe, geheime Bedeutung zugrunde, die vom profanen Haufen nie verstanden worden ist.

Vom wahren Wesen der Meditation

Meditation wird häufig definiert als: philosophische Betrachtung, Nachsinnen über religiöse bzw. philosophische Fragen und Probleme usw. Das ist jedoch nicht die esoterische, yoga-technische Bedeutung des Wortes Meditation.

Die richtige Erklärung gibt uns Pantanjali:

Buch III § 11: Wenn das Gemüt (cittam) seine natürliche Neigung, verschiedene Gegenstände zu betrachten, überwunden und völlig bemeistert hat und anfängt sich gespannt auf einen einzigen Gegenstand zu richten, so sagt man, dass Meditation erreicht ist.

Meditation ist somit ein überintellektueller Zustand, d. h. während der Ausübung der Meditation ruht die Denkmaschine, der Gedankenstrom und nur das Bewusstsein an sich ist gegenwärtig. Der fortgeschrittene Praktiker empfindet letzteres als Lichtkegel, Lichtsphäre, daher die Bezeichnung: Erleuchtung.

Es gibt verschiedene mehr oder minder transzendentale Grade der Meditation. Geübte Praktiker bringen es fertig, fünfzehn und dreißig Minuten, ja noch weit länger im Zustand der Meditation zu verharren, ohne auch nur den geringsten Gedanken durchzulassen.

Dadurch wird eine Gemütsstärke erlangt, die dem Strebenden auch im praktischen Leben sehr zustatten kommt, denn dieser wird für unangenehme oder schädliche psychische Einflüsse nahezu unempfindlich.

Die Lehre lautet:

Buch II § 48: Wenn dieser Zustand erreicht ist, so fühlt der Yogi keine Bestürmungen von den Paaren der Gegensätze mehr.

Judge-Kommentar: Durch die Bezeichnung „Paare der Gegensätze" wird auf die mit allen philosophischen und metaphysischen Systemen Indiens verknüpfte Einteilung in entgegengesetzt geartete Eigenschaften, Verhältnisse und Daseinszustände angespielt, wie Kälte und Hitze, Hunger und Sättigung, Tag und Nacht, Armut und Reichtum, Freiheit und Knechtschaft, welche die ewigen Quellen von Vergnügen und Schmerz im irdischen Dasein sind.

Die oben angedeutete Erleuchtung wird in den höheren Graden der Meditation zum übersinnlichen Schauen (Hellsehen hoher und höchster Art), doch werden diese transzendentalen Fähigkeiten erst nach langer Praxis erworben, auch können sie nicht durch Gewaltmittel erkrampft werden, denn die Entwicklung der physiologischen Zentren bedarf der Zeit. In der Regel vergehen Jahrzehnte, bis diese transzendentalen Kräfte durch harten Kampf mit der „niederen Natur" errungen werden, und der ernste Praktiker bedauert jene Falschberatenen, welche wähnen, in kurzer Zeit und ohne große Selbstopfer zur „Erkenntnis höherer Welten" zu gelangen —, selbst wenn sie zuverlässige, richtige Anleitungen besäßen, was ich aus guten Gründen bezweifle.

Durch die Übung der Meditation nähert sich der Strebende dem Zustande wahrer Spiritualität (Erleuchtung). Über letztere drückt sich W. Q, Judge wie folgt aus:

„Spiritualität ist ein Zustand des Seins jenseits sprachlichen Ausdrucks. Nenne sie einen Schwingungsgrad weit außer unserer Erkenntnis-Fähigkeit. Ihre Sprache ist die Sprache der Bewegung in ihrem Anfange und ihre Vollkommenheit liegt außerhalb von Worten und selbst Gedanken."

„Die Erkenntnis des höchsten Prinzips ist ein göttliches Schweigen und die Ruhe aller Sinne." (Schlüssel des Hermes.)

„Neigung und Abneigung, Gut und Böse, berühren nicht im Mindesten den, der Brahma erkannt hat, der körperlos und immer seiend ist." (Kronjuwel der Weisheit.)

„Von jener Natur jenseits der Verstandeskräfte wird vieles verstandesgemäß behauptet, aber es wird besser in einem *Aufhören* intellektueller Willenskraft als *mit* ihr begriffen werden.“

„Der Gedanke ist ein Gebundenes und wir suchen in das *Ungebundene* einzudringen. Der Intellekt ist die erste Hervorbringung der Natur, die für die Erfahrung der Seele Kräfte einlegt. Sobald wir diese Wahrheit erkennen, machen wir von jener natürlichen Lebenskraft, die wir Gedanken nennen, Gebrauch zur Vergleichung, Belehrung, Hinwegräumen von Zweifeln und erreichen auf diese Weise einen Punkt, wo wir die äußeren Neigungen der Natur zurückhalten, denn wenn diese in ihrer Ursache erkannt und aufgelöst sind und die Natur vollständig erobert und zurückgedrängt ist, so offenbart sich jene Ursache sowohl in und außer der Natur.”

„Die unkörperlichen Wesenheiten, Substanzen, werden niedersteigend geteilt und vervielfältigt in Wesenseinheiten mit einer verminderten Macht, aber wenn sie durch ihre Willensenergien emporsteigen aus der Körperweit, werden sie vereint und existieren als ein Ganzes durch den und mitten in dem Überfluss an Macht.” (Porphyrius.)

„Diese Winke mögen für solche Gemüter, die schon auf dem Wege sind, genügen. Andere werden ihnen verschlossen bleiben. Die Sprache drückt nur die Erfahrungen einer Rasse aus und da die unsrige noch nicht die oberen Flächen des Seins erreicht hat, so haben wir auch noch nicht Worte für diese Dinge.

Der Osten ist immer die Heimat spiritueller Forschung gewesen, er hat der Welt alle die großen Religionen gegeben.

Drum gibt es im Sanskrit Ausdrücke für einige von diesen Zuständen und Bedingungen, aber selbst im Osten wird wohl verstanden, dass das Formlose nicht durch Formen oder das unbegrenzte durch die Grenzen von Worten oder Zeichen zum Ausdruck gebracht werden kann.

Der einzige Weg, diese Zustände kennenzulernen, ist, sie zu *sein*; wir können nichts wirklich begreifen, was wir nicht sind."[6)]

Diese Worte sollten jene beherzigen, die überintellektuelle Dinge auf das intellektuelle Niveau einer „Geisteswissenschaft" herabzerren möchten.

Es möge an dieser Stelle nicht unerwähnt bleiben, dass die Übung der Meditation auch physiologischen Wert hat. Gehirn und Zentralnervensystem werden auf diese Weise angeregt, alle überschüssigen Lebenskräfte zu absorbieren und diese werden „im Kopfe fixiert“, wie der technische Ausdruck lautet.

Bei richtiger Lebensführung findet eine beständige Aufspeicherung von Nervenenergie im Zentralnervensystem statt und die Natur wird befähigt, ein gesundes, leistungsfähiges und hochorganisiertes Gehirn aufzubauen und diesem die für transzendentale Wahrnehmung notwendigen Zentren einzugliedern. Daraus erhellt, welch fühlbares Hindernis sexuelle Exzesse für das Erreichen der Hochgrade im praktischen Yoga-Okkultismus sind.

Es ist durchaus zutreffend, dass Strebende oft schon am Anfang ihrer Schulung Beweise von der Existenz jener ätherischen Sphäre des Seins, jenes feinmateriellen Naturreichs bekommen, das gewöhnlich mit dem Worte „Astralebene" bezeichnet wird. Es ist die uns auf allen Seiten umgebende Ebene der ätherischen und unter normalen Verhältnissen unsichtbaren Formen und Spiegelungen, unsichtbar nur deshalb, weil unser Auge nicht darauf eingestellt ist, Judges Anschauung hierüber ist wertvoll. Er sagt:

„Die neue Ebene, von der hier gesprochen wird, in die die Seele eintritt, ist die Astralebene. Es ist die nächste über der materiellen Ebene und besteht aus einem feinen Grad von Materie.

---

6) Aus Judges „Briefe die mir geholfen haben“. Diese „Exiefe“ gehören zu den wertvollsten Perlen praktischer Unterweisung.

Wenn ein Lernender seine Aufmerksamkeit dem höheren Leben zuwendet und lebhaft den Pfad zu finden wünscht, so fängt seine Seele an zu erwachen und zu sprechen.

Er hat die Stimme des Geistes gehört: dann beginnen die inneren Sinne sich zu entfalten, zuerst so sanft, so zart, dass wir ihren Ruf kaum vernehmen. Aber die Seele hat dann ihre Aufmerksamkeit der Astralebene zugewandt, die auf dem Wege aufwärts zunächst erkannt sein will; ihre Willensrichtung ist von der materiellen Ebene auf diese übertragen und wir haben einen Zufluss von vielen wirren Träumen und seltsamen Erfahrungen im Wachen und Schlafen.

Diese mögen aufhören oder sich fortsetzen, das hängt alles von der individuellen Seele und von Karma ab. Es ist eine Ebene voll der verworrensten Dinge und im Allgemeinen kann man sagen, dass diejenigen besser daran sind, die einen bemerkenswerten Fortschritt in spirituellen Dingen (geistiger Wille und Erleuchtung! Anm, d, Verf.) erzielen, ohne dass sie bewussten Sinnes Erfahrungen auf der Astralebene zu machen brauchen, denn sie können dieselbe später von oben studieren, anstatt von unten, und mit weniger Gefahr für sich.

Es muss freilich alles erlernt werden, aber wir können auf verschiedenen Wegen fortschreiten, selbst in unzusammenhängender Stufenfolge, in welchem Falle wir später nur wieder zurückkommen müssen auf das, was wir übergingen. Solch ein zurückgehen ist kein Nachteil oder Verlust an Entwicklungsgrad, denn was einmal wirklich gewonnen werden ist, kann nicht verloren werden."

„Hellseher und ungeschulte Seher leugnen öfter, dass die Astralebene ein feinerer Grad von Materie sei. Sie unterscheiden nicht zwischen den psychischen und spirituellen Sinnen. Sie können durch dichte Massen wie Mauern, menschliche Körper usw. sehen wie durch Glas, aber sie können nicht durch die Abstralsubstanz sehen und halten daher deren Formen und alle Bilder und Gestaltungen im Astrallicht für wirklich."

„Nur der Adept (im hohen Yoga) sieht durch diese Täuschungen, die umso mächtiger sind, als sie aus feinerem Stoffe bestehen; feinere Lebensenergien, feinere Kräfte haben eine hoch potenzierte Macht über gröbere. Der Adept kennt das Maß der Schwingung (Vibration) und hat es in seiner Gewalt, sie zu verteilen oder auseinanderzutreiben.

Wenn ich von der Astralebene spreche, so meine ich die *niedere* Seelenebene, nicht jene höhere und gereinigte, die die Verfasserin von ‚Licht auf den Weg' die ‚*göttliche* Astralebene' (Ebene der Erleuchtung. Anm. d. Verf.) nennt."

„Durch Angst äußert sich die einengende Macht der Selbstliebe, die unsere magnetische Sphäre verdichtet und beunruhigt, indem sie uns zugleich für den Zufluss von oben weniger empfänglich macht." (Briefe d. m. g. h,)

Von der Praxis der „großen" Konzentration

Das Endziel der „großen Konzentration“ besteht im Erreichen der höchsten Vollkommenheit, im Atman-Sein oder Brahman-Sein, in der Einswerdung mit der Höchstschicht des kosmischen Bewusstseins, der Allerkenntnis, ein Zustand der Erleuchtung und *Seherschaft*, den der Uneingeweihte sich nur dunkel ahnen lässt.

Aber bevor der Strebende das erhabene Endziel erreichen kann, muss er die Zwischenstufen dieses Entwicklungsgangs verwirklichen d. h. sein Bestreben muss darauf gerichtet sein, den in ihm schlummernden „latenten Genius” (das transzendentale Subjekt des du Prel, das Manas-Buddhi der Yoga-Lehre) zu erwecken und zu entfalten. Dies wird durch die Übungen der „kleinen Konzentration“ und „Meditation“, die wir soeben behandelten, bezweckt. Judge bestätigt meine Ausführungen, wenn er sagt:

„Spirituelle Kultur ist erreichbar durch Konzentration. Sie muss täglich fortgesetzt werden und jeden Augenblick zum Gebrauch stehen Meditation ist definiert worden als das ‚*Aufhören des tätigen äußeren Gedankens*‘, *Konzentration* ist hingegen die *ganze Lebensrichtung* nach *einem* gegebenen Ziel. Z. B, eine hingehende Mutter ist eine solche, die die Wohlfahrt ihrer Kinder und alles, was damit zusammenhangt, in allem und vor allem vor Augen hat, nicht eine die niedersitzt um nichts anderes zu tun, als den ganzen Tag ihre Gedanken auf nur eine der vielen Sorgen zu richten.”

Er sagt ferner:

„Die Arbeit, die alle Schüler übernehmen müssen, ist die, den Körper mehr durchlässig, flüssiger und für alle spirituellen Einflüsse, die im inneren Zentrum, d. h. der Seele, die ein unteilbarer Teil der großen Allseele ist, aufsteigen, empfänglicher zu machen, dagegen sich weniger zugänglich zu erweisen den von der Außenseite kommenden, materiellen Einflüssen gegenüber, die von der gedankenlosen Welt und durch jene Eigenschaften, die in der Natur sind, hervorgebracht werden."

Die okkulte Physiologie gibt uns wertvolle Winke über die Mittel und Wege, die zur Verfeinerung und Vergeistigung unserer materiellen Hülle beitragen, denn eine allzu robuste

Physis galt von jeher als Hindernis für Seherschaft.

Aufgrund sorgfältiger Beobachtungen ist die Wissenschaft zu der Entdeckung gelangt, dass der menschliche Körper seine Zellen, Moleküle und Atome beständig wechselt. Mit jedem Atemzug findet ein solcher Stoffwechsel statt und in weniger als sieben Jahren hat sich die gesamte Materie unseres Körpers völlig verändert.

Dieser Wechsel verläuft so allmählich, dass er fast unmerklich ist. Aber nicht nur der stoffliche Körper, sondern auch die übrigen Prinzipien der niederen Vierheit (elektromagnetisches Substrat, Prana, Kama, Cittarn) sind in beständiger Umwandlung begriffen und diese Veränderung vollzieht sich in ihrem Falle weit schneller, ja in jedem Augenblick.

Die Anziehung dieser neuen Atomreihen hängt von dem Gesetze der Wahlverwandtschaft ab, denn die *Wünsche* des Menschen ziehen zu seiner körperlichen Hülle nur solche Teilchen an, die notwendig sind, um ihnen Ausdruck zu geben.

Wissenschaftliche Beobachtung zeigt, dass das Denken *dynamisch wirkt* und *dass die Gedankenkraft die Moleküle des physischen Menschen beeinflussen muss.*

Die inneren „Prinzipien" oder Grundkräfte, so fein sie auch organisiert sein mögen, sind immer noch aus wirklichen, nicht hypothetischen Teilchen zusammengesetzt und unterliegen immer noch dem Gesetz, dass eine Tätigkeit das Bestreben hat, sich zu *wiederholen*, das Bestreben, analoge

Tätigkeit in der körperlichen Hülle, mit der sie in Verbindung stehen und in der sie verborgen liegen, hervorzurufen,

Physiologisch betrachtet, muss das Ziel des Yogapraktikers darauf gerichtet sein, nach und nach die gröberen Partikel seines Körpers und der übrigen „Prinzipien" abzustoßen, um sie durch weniger stoffliche zu ersetzen.

Dies geschieht dadurch, dass er seine gesamten Lebensenergien auf höhere und geistigere Strebensziele konzentriert. Es wäre natürlich falsch, zu glauben, dass dieses große Resultat allein durch ein- oder zweistündige Meditation erzielt werden kann, denn während der übrigen 22 Stunden hat der Prozess des Ausscheidens der Atome und des Ersatzes durch andere keineswegs aufgehört.

Es handelt sich vielmehr darum, „ewige Wachsamkeit" auszuüben. Ebenso wie der physische Körper beständige Wachsamkeit erfordert, um den Eintritt einer Krankheit hintanzuhalten, so beansprucht auch der *innere Mensch* ununterbrochene Überwachung, damit kein bewusster oder unbewusster Gedanke Atome anziehen kann, die für seine Höherentwicklung bzw. Vergeistigung ungeeignet sind. Das ist die eigentliche Bedeutung der „Großen Konzentration", Die führende Energie bei dieser Selbstschulung ist der *geistige Wille.*

Ohne diesen ist alles Übrige *zwecklos*. Um etwas Tüchtiges zu erreichen, genügt nicht bloß ein flüchtiger Entschluss des Augenblicks, ein einmaliges heftiges Verlangen von kurzer Dauer, sondern es handelt sich vielmehr um *eine fest vorgenommene und andauernde Anspannung, die, wenn möglich, fortgesetzt und konzentriert werden muss, ohne auch nur einen Augenblick nachzulassen.* Die ganze Lebensführung muss auf das Endziel eingestellt werden. Die Lehre lautet:

„Raja Yoga ermutigt keine Heuchelei, erfordert auch keine besonderen Körperstellungen. Er hat mit dem inneren Menschen zu tun, dessen Sphäre in der Gedankenwelt liegt. Das höchste Ideal ins Auge fassen und beständig streben, sich zu demselben zu erheben, ist die einzige wahre *Konzentration*, welche die esoterische Philosophie anerkennt, welche die innere Welt der *Noumena,* nicht die äußere Schale der *l'hänomena* behandelt,“ (Five Years of Theosophy S, 28.)

Der Leser aber darf sich nicht etwas einbilden, wie dies häufig geschieht, dass sogenannte asketische Übungen besonders dazu beitragen, den Prozess der Vergeistigung zu beschleunigen.

An diesem Irrtum scheiterten viele der östlichen, esoterischen Sekten; er ist auch der Grund, weshalb sie erniedrigendem Aberglauben zum Opfer fielen. Mittelalterliche Mönche und indische Fakire glaubten den Gipfel göttlicher Erkenntnis zu erreichen durch Gedankenkonzentration auf bestimmte Körperteile, stundenlanges Emporhalten der Arme, Stehen auf einem Bein, alles Übungen, die keinem anderen Zwecke dienten, als der Entwicklung der Willenskraft, die dann manchmal zu den gemeinsten Zwecken angewandt wurde. Es sind dies Beispiele eines einseitigen und verkehrten Entwicklungsgangs.

Es wäre auch zwecklos zu fasten, *solange das Bedürfnis nach Nahrung vorhanden ist.* Im Verlaufe seines okkulten Werdegangs wird der Strebende finden, dass das Bedürfnis nach Nahrung nach und nach geringer wird, ein Zeichen, dass die Nahrungsmenge, ohne dass die Gesundheit darunter leidet, verringert werden darf. Bestimmte Regeln lassen sich hier nicht aufstellen.

Das Nahrungsbedürfnis ist individuell und es ist Sache des Einzelnen, die Nahrungsmenge und die Art der Nahrung seinen jeweiligen Bedürfnissen anzupassen. Es wird gelehrt, dass in den Hochgraden Milch und Früchte vollauf genügen, doch liegt diese Stufe für die meisten noch in weiter Ferne.

Für die Erreichung einer langen Lebensdauer ist es auch durchaus nicht zweckdienlich, wenn man äußerlich der Unmoralität entsagt, mit den Fasern seines Herzens aber an derselben festhält. Dasselbe gilt für alle anderen, unbefriedigten Begierden. Diese innere Neigung loszuwerden und zu überwinden, ist das Wesentliche; die äußerliche Nachahmung der inneren Entsagung ist eitel, pure Heuchelei und nutzlose Selbstpeinigung. Mit der moralischen Läuterung des Herzens verhält es sich ebenso.

Die niedrigste Neigung muss zuerst überwunden werden, dann die übrigen Zuerst müssen Geist, dann Furcht, dann Neid, dann weltlicher Stolz, Unbarmherzigkeit, Hass, zuletzt Ehrgeiz und Neugier nach und nach aufgegeben werden.

In einer Abhandlung über die Ausbildung der Konzentration gibt uns W. Q. Judge folgende Winke, die ernster Beachtung wert sind. Er sagt:

„Wer die Praxis der Konzentration nur hie und da betreibt, darf auf keinen Erfolg rechnen. Sie ist etwas, das aus einer festen Haltung, welche in Hinblick auf das Endziel eingenommen und ununterbrochen aufrechterhalten wird, hervorgeht.

Die Schüler des neunzehnten Jahrhunderts wiegen sich so gerne in dem Gedanken, dass Erfolg im Okkultismus (Raja Yoga) ebenso leicht erreicht werden kann, wie in den Schulen und Universitäten, indem man eben *gedruckte Worte* liest und lernt.

Ein vollständiges Wissen von all dem, was jemals über Konzentration geschrieben worden ist, wird für die Praxis des von mir Behandelten keine Macht verleihen. Bloße Bücherweisheit wird seitens der Yoga-Schule ebenso sehr verachtet, wie von einem Tölpel. Ich meine jedoch damit nicht, dass Bücherwissen gemieden werden sollte, sondern dass solches Wissen *ohne* die Praxis der Konzentration ebenso nutzlos ist, wie der Glaube ohne Werke. An manchen Stellen wird dies, soviel ich weiß, bloßes „Augenwissen" genannt. Ein solches ist es in der Tat, eine Praxis, welche man in unserer entarteten Zeit am meisten schätzt."

„Die Praxis der wahren Konzentration wurde mit *Raja Yoga* (sprich: Radscha-Yoga) bezeichnet. Sie verzichtet auf alle jene physischen Übungen, Stellungen und Mittel, welche sich einzig nur auf die jetzige Persönlichkeit (den materiellen Menschen) beziehen und verweist den Schüler auf Tugend und Altruismus als der Grundlage, von welcher auszugehen ist.

Diese Weisung wird aber viel häufiger zurückgewiesen als angenommen. Während der letzten 1800 Jahre ist so viel über Rosenkreuzer, ägyptische Adepten, geheime Meister, über die Kabbala und sonstige wunderbare, magische Schriften gesagt worden, dass der von solchen Thematiken angezogene Schüler, wenn er keinen Führer hat, Vergeblich nach dem ersehnten Aufschluss und Eintritt in den Tempel des Lernens sucht, weil ihm gesagt wird, dass die Regeln der Tugenden nur für Kinder und Sonntagsschüler, aber nicht für mystische Forscher gehören.

So finden wir Hunderte von Schriften in allen Sprachen Europas, welche sich mit Ritualen, Zeremonien, Anrufungen und anderen Unverständlichkeiten befassen, welche zu nichts weiter führen, als zum Verluste von Zeit und Geld. Denn wenige von diesen Schriftstellern besaßen etwas anderes als bloßes „Augenwissen". Sie genießen zwar manchmal einen gewissen Ruf, aber es ist nur der Ruhm, welchen ein Unwissender der größeren Unwissenheit anderer verdankt.

Der sogenannte große Mann, der wohl weiß, wie fatal es für seinen Ruf wäre, wenn er sagen würde, wie gering sein praktisches Wissen tatsächlich ist, redet beständig über Projektionen und „Elementarwesen", über „den Stein der Weisen" und über das „Lebenselixier", verschweigt aber vorsichtig vor seinen Lesern, wie armselig seine Fähigkeiten sind und wie groß die Unsicherheit seines eigenen Gemütszustandes ist.

Möge deshalb der Forschende ein für alle Male wissen, dass die Tugenden nicht beiseite gelegt werden können, noch ungeübt bleiben dürfen; sie müssen zu einem Teile unseres Lebens gemacht werden und ihre philosophische Grundlage muss verstanden sein."

„Wir müssen uns zu einem Leben beständiger Arbeit nach höherer Richtung hin entschließen, Die Saumseligen oder diejenigen, welche nach Angenehmem ausgehen, mögen die Sache der Konzentrationsausbildung liegen lassen und sich mit dem angenehmen Pfad zufrieden geben, welcher für jene abgesteckt ist, die „Gott fürchten und den König ehren".

Ungeheure Gebiete der Forschung und der Experimente müssen durchschritten werden; ungeahnten Gefahren und unbekannten Kräften muss entgegengetreten werden, die alle zu besiegen sind. Denn in diesem *Kampfe wird weder um Pardon gebeten, noch ein solcher gewährt*. Große Schätze der Erkenntnis müssen aufgefunden und festgehalten werden.

Das Himmelreich wird nicht auf eine Anfrage hin erlangt, *es muss mit Gewalt genommen werden.* Der einzige Weg, mittels welchen wir den Willen und die Macht zum Auffinden und Festhalten erwerben können, besteht einerseits in der Erlangung der Tugenden und andererseits in dem genauesten Verständnis unserer eigenen Natur. Eines Tages werden wir einzusehen beginnen, warum nicht ein einziger auftauchender Gedanke übersehen Werden, kein einziger aufblitzender Eindruck unbeachtet bleiben darf. Wir begreifen wohl, dass dies keine einfache Aufgabe ist, es ist eine riesige Arbeit.

Hat man schon darüber nachgedacht, dass das bloße Anschauen eines Bildes, oder ein einziges, im Gewühl der Welt dahingesprochenes Wort die Grundlage für einen Traum geben kann, welcher die ganze Nacht vergiftet und am nächsten Tage das Gehirn neuerdings beeinflusst?

Jede Handlung, jedes Wort muss geprüft werden. Hat man eines übersehen, dann hat man sich am nächsten Morgen beim Erwachen jedes Wort und jede Situation des vorhergehenden Tages ins Gedächtnis zurückzurufen und gleich dem Astronomen im Raum nach dem Verlorenen zu suchen. Und auch ohne einen solchen speziellen Grund muss man lernen befähigt zu werden, in vergangene Tage zurückzugeben, um alles sorgfältig und im Detail zu überschauen, was sich zugetragen hat und was man durch das Gehirn passieren ließ. Ist dies eine leichte Sache?"

„Nun wollen wir uns aber für einen Augenblick den unechten Adepten, den angeblichen Meistern, zuwenden, seien diese nun von guter Absicht beseelt gewesen oder nicht. Nehmen wir Eliphas Levi, der so manche gute Sachen schrieb und dessen Bücher so viele geheimnisvolle Winke enthalten.

Durch die aus seinem eigenen Mund kommenden Worte überführt er sich selbst. Mit großem Pomp erzählt er uns vom Heraufbeschwören des Schattens von Apollonius. Wochen zuvor mussten allerlei Vorbereitungen getroffen werden, und in der zur Beschwörung bestimmten Nacht waren absurde, nekromantische Zeremonien auszuführen.

Was war das Resultat? Nur der sogenannte Schatten erschien für einige Momente, und Lévi selbst sagt, dass er solches nie wieder versuchte. Irgendein gutes Medium unserer Tage vermöchte den Schatten des Apollonius ohne Vorbereitung hervorzurufen. Wäre Levi ein Adept gewesen, so hätte er die Toten gerade so leicht sehen können, als man die Bilder in einem Buch betrachtet.

Durch diese sporadischen Versuche und äußerlichen Vorbereitungen wird nichts gewonnen und alle, welche derartigen Dingen nachjagen, haben nur Schaden davon.

Das törichte Pfuschwerk gewisser Theosophen mit den praktischen Übungen der indischen Yogis (gemeint sind die forcierten Atemübungen des Hatha Yoga, der vom Raja Yoga diametral verschieden ist. Anm. d. Verf.), die nicht zum achten Teile verstanden werden und an sich unzulänglich sind, wird zu noch übleren Resultaten führen, als das Nachahmen des von Eliphas Levi veranstalteten Versuches."

„Da wir es bei uns mit dem *westlichen* Gemüt zu tun haben, welches für alle diese Dinge gänzlich unfähig ist und welches mit falscher Schulung und noch falscherer Logik belastet ist, so müssen wir da anfangen, wo wir jetzt stehen; wir müssen unsere jetzige Stellung untersuchen und fortschreiten, damit wir unsere gegenwärtigen Kräfte und unsere Gemütsmaschinerie kennenlernen. Ist dies geschehen, so können wir weitergehen, und wir werden uns auf dem Weg finden, der die besten Resultate bringt."

Praktische Ergebnisse

Gibt es Methoden der Lebensverlängerung und welche sind dies? Die von dem Alchemisten Paracelsus in seinem Werke De Vita longa gegebenen Winke decken sich bis zu einem gewissen Grad mit dem Trainingssystem der östlichen Schulen. Paracelsus weist daraufhin, dass Gemüts- und Gedankenleben tiefeinschneidenden Einfluss auf die Lebensdauer haben. Der höhere Yoga lehrt, dass das Leben *„auf Kosten der Leidenschaften*" verlängert werden kann, dass erniedrigende und tierische Gedanken aufgegeben werden sollten und alle Lebenskrafte (Sexualenergie usw.) in mentale Potenzen zu transmutieren sind.

Eine Besucherin Ägyptens berichtete mir von sechzigjährigen, trainierten Kopten, die das Aussehen vierzigjähriger Männer hatten. Die betreffende Dame, selbst eine Praktikerin, besaß das Feuer und die Energie einer Frau in mittleren Jahren, obgleich sie damals sechzig Lenze zählte.

Die vom Verfasser selbst erzielten Resultate lassen ihn darauf schließen, dass es eine Wissenschaft der Lebensverlängerung tatsächlich gibt. Prentice Mulford, der über den „Unfug des Sterbens“ schrieb, ahnte die Wahrheit. Es ist dies nicht zu verwundern, denn Mulford war ein ehemaliger Mitarbeiter Judges und die Ideen, welche dem Buche Mulfords zugrunde liegen, sind durchwegs den esoterischen Abhandlungen entnommen, die H. P. Blavatsky unter dem Gesamttitel „Das Lebenselixier“ im „Theosophist" veröffentlichte. Diese Tatsache ist in Deutschland nur wenigen bekannt.

Wenn der Strebende ernsthaft dahinter her ist, seine Leidenschaften zu überwinden und die Energien auf sein „Höheres Selbst" zu konzentrieren, dann treten schon nach dem ersten Jahre deutlich erkennbare, physiologische Resultate ein Ein Mann von vierzig Jahren wird sich wieder zurückversetzt finden in das Empfinden eines Zwanzigjährigen. Möge er sich hüten, dass das Gefühl erneuerter Jugend ihn nicht dazu antreibt, in alte Leidenschaften zurückzusinken! Raja Yoga wird mit Recht die Wissenschaft des Lebens, die Kunst zu leben genannt. Die Resultate lassen sich in physiologische, psychische und spirituelle einteilen. Der Verfasser dieses blickt auf eine nahezu zwanzigjährige Praxis zurück. Was er im Laufe der ersten zehn Jahre erreichte, sei im Nachstehenden kurz angedeutet

a) physisch-physiologische Wirkungen

Veränderung der Körperhaltung und des Gesichtsausdrucks, Körperhaltung straffen aufrechter. Hervortreten und Erweiterung des Brustkorbs. Gang elastischer, federnder. Zunahme der Bewegungsfähigkeit bei geringerer Neigung zu Ermüdung.

Zunahme des Cerebrums an Volumen. Veränderung der Schädelform. Zunahme der Breite an der Stirnseite. Verschwinden der Querfalten an der Stirn, Auffallende Verstärkung der beiden Sehnenbänder, welche sich, von der Nasenwurzel ausgehend, über die Stirn erstrecken.

Festigkeit des Blicks. Das Auge verliert die Eigentümlichkeit, unstet oder nervös hin und her zu wandern. Zunahme des Auges an Glanz und Ausdruck. Lebhafterer, beweglicher Gesichtsausdruck. Die Nase wurde schmäler, die Nasenflügel werden aktiv, d. h. bewegen sich bei Anspannung des geistigen Willens. Zur Zeit hochgespannter Willenskonzentration zeigen die Nasenlöcher eine Neigung, sich automatisch hermetisch zu schließen.

Der Mund wird kleiner und zeigt den Ausdruck von Entschlossenheit. In Augenblicken hoher Konzentration und Willensentfaltung pressen sich die Lippen fest aufeinander, wobei der Kehlkopf aktiv mitwirkt. Letzterer beginnt, eine „zusammenfassende“ Wirkung auszuüben. Er wird zu einem *aktiven* Organ.

Ich bin der Ansicht, dass er bei Hochgrad-Yogis bis zum Sonnengeflecht und Herzen auszugreifen vermag, nachdem ich davon unterrichtet bin, dass auf den höheren Stufen der Schulung auch der Herzmuskel unter die Herrschaft des geistigen Willens zu stehen kommt. In der Tat fühle ich täglich deutlicher, dass ich nach und nach sämtliche inneren Funktionen durch den geistigen Willen (d. h. vom Gehirn aus) beherrschen und beeinflussen kann. Die sieben „heiligen“ Plexi (Zentren, Chakrams) im Gehirn dominieren mehr und mehr über die sieben Plexi im Körper.

Die Haut des Körpers wird glatt, klar und glänzender. Überhaupt treten Veränderungen in der Zellenbildung ein. Das Fleisch wird fester, der Körper widerstandsfähiger. In der Nähe der Nagelwurzeln (an den Fingern) wird die Haut gelatinös-durchsichtig (ätherisiert). Wunden heilen rasch und ohne Komplikationen; der Körper gewinnt an rekonstruktiver Kraft. (Es wird gelehrt, dass es durch Yogapraxis möglich ist, ererbte Prädispositionen pathologischer Art oder chronische Krankheiten zu überwinden.)

Die physiologischen Funktionen (u. a. Stoffwechsel) vollziehen sich mit großer Präzision. Die von manchen Schulen mechanisch induzierte Tiefatmung stellt sich im Laufe des Trainings im Raja Yoga ganz von selbst ein, als die natürliche Folge der veränderten Gemütsrichtung. Altruistisches Denken, wenn positiv ausgeübt, führt zu einem Nachaußenstreben der Moleküle und Tiefatmung, bzw. ausgiebigerer Aufnahme von Sauerstoff; selbstsüchtiges Denken erzeugt die entgegengesetzte Wirkung, d. h. Zusammendrängen der Moleküle nach innen und verkürzte Atemzyklen. — Die Sinne nehmen an Schärfe zu, besonders der Gefühls- und Gehörsinn. Letzterer ist überhaupt inniger mit dem abstrakten Denken und dem transzendentalen Subjekt verknüpft als die übrigen Sinne. — Der Strebende wird sensitiver, er empfindet schärfer.

Kurz gesagt, es tritt eine völlige, physiologische Regeneration ein. Vielleicht ist es hier nicht unangebracht, an den Bibelspruch zu erinnern:

„Darum, ist jemand in Christo, so ist er eine neue Kreatur; das Alte ist vergangen, siehe, es ist alles neu geworden." 2. Korinther 5, 17.

„In Christo sein“ ist zweifellos ein *terminus technicus*, welcher ausdrückt, dass der Strebende ganz oder teilweise mit seinem „transzendentalen Subjekt” oder „inneren Gott“ Vereint ist.

b) Psychische und intellektuelle Resultate

Ein Gefühl der Freiheit und Erleichterung macht sich geltend. Erdenschwere und Pessimismus schwinden. Es wird praktisch erkannt, dass das Geistige über alle Materie erhaben ist.

Der natürliche Instinkt, welcher in dem meisten Menschen durch Laster, Leidenschaft und Kulturgifte halb erstickt ist, tritt wieder in seine alten Rechte. Ganz wie es im Zanoni heißt: Antipathien machen auch einen Teil der (fälschlich) sogenannten Magie aus.

Der Mensch hat von Natur denselben Instinkt wie die Tiere, der sie unwillkürlich warnt vor den ihnen feindlichen, ihrem Leben gefährlichen Geschöpfen. Aber er vernachlässigt ihn so oft, dass er einschläft. Nicht so der wahre Pfleger der großen Wissenschaft.

Der Instinkt, das natürliche Empfinden, wird geklärt und geschärft. Der Strebende „wittert“ die Neigungen, Charaktereigenschaften und Absichten, sowie den Gesundheitszustand anderer. Er „wittert“ in Krankheitsfallen die ihm zusagenden Heilmittel. Überhaupt stellt sich in vielen Fällen eine „psychometrische“ Begabung ein. Ferner verschärft sich der Instinkt für geeignete bzw. gegen ungeeignete, nachteilige Arten von Nahrung (z. B. Vorliebe für eiweißhaltige oder sauerstoffhaltige Nährmittel).

Latente Krankheiten anderer werden durch die körperlichen Ausdünstungen der betreffenden Personen „gewittert“. Der Praktiker erkennt die Absichten und Gesinnungen anderer leicht am Gesichtsausdruck und an der Emanation des Auges; er errät im Klang der Stimme, ob das Gesprochene der verhaltenen Leidenschaft, dem kalten Gehirnverstand, der bloßen Fantasie oder der höheren Natur entspringt, oder ob statt letzterer bloß die Sentimentalität im Spiele ist.

Durch die Überwachung und Beherrschung des Denkprinzips wird der Strebende zum „reinen Subjekt des Erkennens“; die entwickelte Konzentration befähigt ihn zu einer durchdringenderen Art der Beobachtung. Die Herrschaft über Denken und Fühlen gestattet rein objektive Beurteilung. Das Ding an sich wird erkannt. Der Praktiker wird fähig, sein eigenes Denken und Fühlen, seine eigenen Leidenschaften, Impulse und Handlungen rein objektiv und sachlich zu betrachten und zu beurteilen, so objektiv, als wenn es die Angelegenheiten eines anderen waren. Er hat aufgehört, sich mit seinen psychischen Elementen zu identifizieren.

Das gleiche gilt für Einflüsse, welche von außen herantreten: Lobhudeleien und Beleidigungen, angenehme und unangenehme Botschaften bringen den Strebenden, sobald er einmal eine bestimmte Stufe der Konzentration erreicht hat, nicht mehr aus dem Gleichgewicht. Wenn die Herrschaft über das Denkprinzip und das Zentrum der Gefühle und Impulse einmal endgültig erlangt ist, schwindet alle persönliche Empfindelei und nur die klare Erkenntnis und der erleuchtete Wille dominiert. Sensationen haben aufgehört, einen Weg nach innen zu finden; das Gemüt ist so positiv geworden, dass es alle Einflüsse zu bannen vermag.

Nicht ganz zu Unrecht wurde Raja Yoga der „Pfad zum wahren Übermenschentum” genannt — wahrlich ein Übermenschentum, dessen Natur Nietzsche vielleicht dunkel ahnte. Dieses Training ist es, welches nach Jahrzehnten zur wirklichen *Theosophia* (göttlichen Weisheit durch Erleuchtung) führt. Es ist ein Pfad, der über das, was man schlechthin menschliche Erkenntnis nennt, weit hinausführt.

Deshalb sprachen die Alten vom göttlichen Plato, vom göttlichen Pythagoras und Jesus gilt vielen heute noch als

Gott. Buchstabengelehrte streiten eifrig darüber, ob die großen Weisen der Antike eine Esoterik oder Geheimlehre besaßen: für den Praktiker im Raja Yoga ist dies ganz selbstverständlich, weiß er doch aus eigener Erfahrung, dass er viele seiner besten Gedanken für sich behalten muss, weil sie von der Menge weder verstanden noch gewürdigt werden.

Es wäre an dieser Stelle noch die mit Konzentration verbumdene Entwicklung des Gedächtnisses zu erwähnen. Konzentration und *Gedächtnis* sind Fähigkeiten, die dem geistigen Arbeiter auch im praktischen Leben sehr zustatten kommen. Das beste Mittel zur Entwicklung des Gedächtnisses bleibt meiner Überzeugung nach immer ein konzentriertes Gemüt. Mnemotechnik (Gedächtniskunst) ist, wie schon Schopenhauer erkannte, lediglich eine Krücke.

Wer ein machtvolles Gedächtnis entwickeln will, dem wird die Yogapraxis hervorragende Dienste leisten. Jene dagegen, welche aus ihrem Gehirn und Zentralnervensystem lediglich Mittel zur Ausübung von Alkohol- und Sexualexzessen machen, dürfen nie hoffen, auf diesem Gebiet etwas Hervorragendes zu erreichen. Sie gleichen dem Mann, der Wasser in ein Sieb schöpft.

Es liegt also auf der Hand, dass Raja Yoga nicht etwa eine fantastische und theoretisch-spekulative Sache ist, sondern ein System der Selbstschulung von tiefeinschneidender, praktischer Bedeutung, eine Wissenschaft, die, wie die Bhagavad Gita lehrt, „unerschöpflich in Resultaten" ist.

c) Spirituelle Resultate

Je nach dem Grad, in dem der Strebende sich mit seinem spirituellen Ego („latenten *Genius*") oder transzendentalen Subjekt, dessen Hauptaspekte der geistige *Wille*, das plastisch schöpferische *Denken* und die erleuchtete *Unterscheidungskraft* sind, vereinigt, erwacht in ihm das Gefühl der *Freiheit*, Freiheit von den einengenden Banden der Materie, ein *neuer* Bewusstseinszustand, der nicht mit Worten geschildert werden kann und nur im Selbsterleben erkannt zu werden vermag.

Er erlebt praktisch, dass sein denkendes Ich aus einem noch geistigeren, lichtdurchwobenen *Ich* ausstrahlt, er empfindet, wie dieser geistig-göttliche Lichtstrahl gradweise sein eigenes Wesen wird. Er erkennt sich als die an die Materie gekettete *Flamme*. Die bewusste *Unsterblichkeit* hat ihn überkommen. Kein Gottsucher ist er dann mehr, sondern ein Gottfinder, oder wie Krishna, der arische Christus in der Bhagavad Gita, der Perle des Ostens, lehrt:

„Du hast meine Form gesehen, welche schwer zu sehen ist und nach welcher selbst die Götter beständiges Verlangen haben. Aber so, wie ich mich dir enthüllt habe, bin ich durch kein Studium der Veden, keine Bußübungen, kein Almosengeben und keine Opferhandlung zu erschauen.

Nur durch jene Hingabe, welche mich allein zum Ziele hat, kann man sich mir nähern, mich (das Göttliche) *sehen* und mich *in Wahrheit erkennen*. Wessen Handlungen für mich allein sind, wer mich als das höchste Ziel betrachtet, wer nur mein Handelnder ohne Hang nach den Dingen und den Früchten seiner Werke ist und keine Feindschaft gegen irgendein Geschöpf hegt, der kommt zu mir, o Sohn des Pandu."

Von den höheren Yogakräften

Wir haben im Vorstehenden auf die Resultate hingewiesen, die auf den Anfangs Stufen der Konzentrationsausbildung erreicht werden können.

Unsere Ausführungen wären jedoch unvollständig, wollten wir nicht auch der höchst interessanten, transzendentalen Fähigkeiten gedenken, die der Praktiker der hohen und höchsten Grade der Yoga-Schulung erwirbt. Eine dieser Fähigkeiten ist *das Lesen im Astrallicht* (Akasha).

Das Astrallicht ist die „Seele" oder „Muttersubstanz" des Äthers. Alle die wunderbaren Phänomene der orientalischen Yogis werden vermittels einer Kenntnis der Eigenschaften des Astrallichts hervorgebracht.

Auch wird behauptet, dass die der westlichen Welt bekannten Eigenschaften des Hellsehens, Hellhörens, der Mediumschaft und der Seherschaft nur vermittels des Astrallichts möglich sind.

Das Astrallicht ist *das Register aller unserer Taten und Gedanken, die große Bildergalerie der Erde, in welcher der Seher fortwährend das erschauen kann, was sich jemals ereignete oder was die Zukunft bringt.* (Die Ursachen kommender Ereignisse sind häufig schon im Astrallicht vorhanden und deutlich erkennbar; der Seher schließt einfach von der vorhandenen Ursache auf die voraussichtliche Wirkung.)

Der Ausdruck „Astrallicht" ist rein orientalischen Ursprungs. Porphyrius spielt darauf an, wenn er auf den himmlischen oder Seelenkörper hinwies, von welchem er behauptet, dass er unsterblich, leuchtend und „sternengleich" sei, Paracelsus nannte es „Sternenlicht"; später wurde es unter dem Namen Astrallicht bekannt. Die moderne Wissenschaft kommt dem Astrallicht nahe, wenn sie von „lichttragendem Äther" und von „strahlender Materie" spricht, Camille Flammarion, der große Astronom und Mystiker, äußert sich über den Gegenstand wie folgt:

„Das Licht, welches von all diesen Sonnen, jener ungeheuren Menge, ausgeht, das Licht, das von all diesen Welten, welche von der Sonne erleuchtet werden, in den Weltraum zurückstrahlt, *fotografiert* durch den grenzenlosen Himmel hindurch die vergangenen Jahrhunderte, die Tage, die Augenblicke. [...] Hieraus folgt, dass die Geschichten aller Welten den Weltraum durchwandern, *ohne* zu *vergehen*, und dass alle Ereignisse der Vergangenheit *gegenwärtig* sind und für *immer* in dem Busen des Unendlichen leben.“

Das Astrallicht ist eine Substanz, welche man sich leicht als unwägbaren Äther vorstellen kann, welche, von den Sternen ausstrahlend, die Erde umhüllt und jedes Atom Molekül in und auf unserer Erdkugel durchdringt.

Es gehorcht den Gesetzen der Anziehung und Abstoßung, es vibriert hin und her, indem es sich einmal positiv — dann wieder negativ macht. Das Verhalten dieses Lichtes ähnelt in hohem Grad dem einer empfindlichen, fotografischen Platte.

Es nimmt, wie Flammarion sagt, die Bilder eines jeden Augenblicks auf und *bewahrt* sie. Daher ist es bei den Ägyptern als der Geschichtsschreiber, bei den Christen als der aufzeichnende Engel bekannt; von anderem Gesichtspunkte aus ist es Yama, der Totenrichter im Pantheon der Hindus; denn vermittels der Bilder, welche wir in das Astrallicht eindrucken, werden wir von Karma gerichtet (Karma ist die Lehre vom *selbstverursachten* Schicksal, die auf dem Gesetz von Ursache und Wirkung beruht).

Das Astrallicht hängt wie ein ungeheurer Schirm oder Spiegel über der Erde und wird zu einer allgemeinen, hypnotisierenden Gewalt für die menschlichen Wesen. Die Bilder aller Handlungen, seien sie gut oder böse, seien es unsere eigenen oder die unserer Vorfahren, stehen stets vor unserem inneren Selbst, beeinflussen uns immerwährend als Suggestionen, hinzugehen und dasselbe zu tun.

Es gibt auch eine nützliche Funktion dieses Lichtes. Da das Astrallicht die Bilder aller vergangenen Ereignisse und Dinge aufbewahrt, und da es nichts Neues unter der Sonne gibt, so werden die Hilfsmittel, die Ideen, die Philosophien, die Künste und Wissenschaften der lang begrabenen Kulturen fortwährend als Bilder aus dem Astralen in das Gehirn der lebenden Menschen projiziert.[7)]

Judge sagt: „Das Astrallicht ist sozusagen die Oberfläche, auf der alle menschlichen Handlungen und alle Dinge, Gedanken und Umstände (als Spiegelungen!) festgehalten werden. [...] Der konzentrierte Asket fixiert seine Aufmerksamkeit hierauf und liest alsdann die der Wissenschaft verlorene Aufzeichnung ab. Jeder Gedanke von Herbert, Spencer, Mill, Bain oder Huxley ist zusammen mit den betreffenden, von diesen Männern aufgestellten Systemen der Philosophie im Astrallicht festgelegt; alles, was der Asket zu tun hat, ist, einen einzigen Ausgangspunkt zu gewinnen, der mit einem dieser Denker verknüpft ist, und alsdann alles abzulesen, was sie ausgedacht haben."

H. P. Blavatsky, die Gründerin der Theosophischen Bewegung und selbst eine fortgeschrittene Schülerin der tibetanischen Yogaschulen, besaß die Fähigkeit, im Astrallicht zu lesen, in hohem Grad. Ohne diese Yogakraft wäre sie wohl niemals imstande gewesen, das geradezu übermenschliche Gedächtnis zu entfalten, das zur Abfassung ihrer großen Werke unerlässlich war. Sie beschreibt den Vorgang folgendermaßen:

„Wohlan, was ich tue, ist, wie Sie sehen, folgendes. Ich kann es nicht anders beschreiben, als dass ich eine Art Leerraum in der Luft vor mit erzeuge, dann hefte ich mein Schauen und meinen Willen darauf und bald zieht Szene um Szene gleich den aufeinanderfolgenden Bildern eines Diorama vor mir vorüber, oder, wenn ich eine Bezugnahme auf oder Information aus einem Buch benötige, so fixiere ich

7) Nach „Echoes from the Orient" v. W. Q. Judge.

mein Gemüt mit gespannter Aufmerksamkeit darauf und alsdann erscheint das astrale Gegenstück des Buches, dem ich das Benötigte entnehme.

Je vollständiger mein Gemüt von Zerstreuung und Verdruss befreit ist, je mehr Energie und gespannte Aufmerksamkeit es besitzt, desto leichter kann ich dies vollbringen".[8)]

Für den Kenner der höheren Yoga-Lehre ist diese Äußerung Blavatskys von großem Wert, denn sie beweist, dass H. P. Blavatsky kein spiritistisches Medium war, wie viele glaubten, sondern eine Raja Yogini.

Natürlich behauptet heutzutage nahezu jeder pseudookkultistische Unternehmer ebenfalls in der Akashachronik oder im Astrallicht lesen zu können.

Als ob diese Fähigkeit ohne jahrzehntelange Vorbereitung erlangt werden könnte! Der Verfasser ist überzeugt, dass es auch nicht einen *einzigen* echten Yoga Seher in Deutschland gibt, aller gegenteiligen Machtsprüche ungeachtet.

Das Phänomen des *Gedächtnisses* beruht ebenfalls auf der Existenz und den Funktionen des Astrallichts. Unser Gehirn projiziert Gedankenformen und Bilder in die uns umgebende Äthersphäre. Jeder Mensch trägt sein eigenes astrales Sphäroid (Aura) mit herum und dieser ist der Behälter seiner persönlichen Erinnerungen.

Rückerinnerung ist nichts anderes als ein gewolltes Ablesen des in der Aura vorhandenen Materials.

Der psychische Wille des Alltagsmenschen vermag nur das anzuziehen, was seiner eigenen Aura angehört; der konzentrierte spirituelle Wille des hohen Yogi reicht weiter, er wirkt *universal* und räumliche Entfernungen spielen keine Rolle.

---

8) Aus: Reminiscences of H. P. Blavatsky and the Secret Doctrine, von Gräfin Konstanze Wachtmeister.

Yogakräfte im Buddhismus

Im Buddhismus werden die sechs hauptsächlichsten, durch Meditation zu erreichenden transzendentalen Fähigkeiten die sechs Abhijñas genannt. Diese sind:

1. Die Fähigkeit, mystische Kräfte zu entfalten,
2. das himmlische Ohr oder die Fähigkeit, irgendeinen Laut wahrzunehmen oder zu verstehen, der im Universum hervorgebracht wird,
3. die Kraft, die Gesinnung anderer zu erkennen,
4. die Erinnerung an frühere Daseinsformen,
5. das himmlische Auge oder die intuitive Einsicht in das Entstehen und Vergehen aller Wesen und Dinge,
6. die Einsicht in die Erlösung vom Übel, d. h. in das Ende der Weltwanderung. (Vgl. Kuroda: „Das Licht des Buddha“, S. 90 f.)

Für den Kenner des Yoga unterliegt es nicht dem geringsten Zweifel, dass der Buddhismus lediglich ein popularisierter höherer Yoga ist.[9)]

Je mehr die Kenntnis des Yoga in Europa fortschreitet, desto besser wird auch der Buddhismus verstanden und gewürdigt werden. Die Forschung dürfte eines Tages erkennen, dass der Yoga die psychologische Wurzel aller antiken Religionen und Philosophien ist, soweit sie das Verhältnis der Seele zu Gott berühren.

Yogakräfte im System des Patanjali

Das klassische Lehrbuch des Yoga, das Yoga-Sutra des Patanjali, enthält eine lange Aufzählung der durch die Praxis der Konzentration zu erwerbenden Yogakräfte, von denen wir jedoch nur einen Teil hier erwähnen können. So heißt es in Buch III:

---

9) Den vollen Nachweis hierfür lieferte Dr. Hermann Beckh in seinen beiden Abhandlungen über Buddhismus, die wertvolle Anregungen bieten.

§ 18: Eine Erkenntnis der in früheren Inkarnationen (des transzentalen Subjekts, der spirituellen Seele: Manas-Buddhi) erlebten Erfahrungen erhebt sich in dem Asketen, wenn er sich die Reihen selbstwiedererzeugender Gedanken vor sein Gemüt hält und sich auf dieselben konzentriert.

§ 19: Die Natur des Gemüts einer anderen Person wird dem Asketen erkennbar, wenn er sein eigenes Gemüt auf diese andere Person konzentriert.

§ 21: Durch Ausübung der Konzentration in Bezug auf die Eigenschaften und die wesentliche Natur der Form, besonders jener des menschlichen Körpers, erwirbt der Asket die Macht, das Verschwinden Seiner körperlichen Form aus dem Gesichtskreis anderer zu verursachen, weil deren Eigenschaft, vom Auge wahrgenommen zu werden, dadurch aufgehoben und jene Eigenschaft von Sattwa, die als Leuchten in die Erscheinung tritt, vom Sehorgan des Zuschauers getrennt wird.

Judge Kommentar: "Ein anderer großer Unterschied zwischen dieser Philosophie und der modernen Wissenschaft ist hier angedeutet. Die heutigen Schulen stellen die Regel auf, dass, wenn sich ein gesundes Auge in einer Linie mit den von einem Gegenstand, z. B, einem menschlichen Körper reflektierten Lichtstrahlen befindet, der Gegenstand gesehen wird, und dass eine Gemütstätigkeit der angeschauten Person die Funktionen der optischen Nerven und der Retina des Anschauers nicht aufheben kann.

Aber die antiken Hindus hielten dafür, dass alle Dinge aufgrund jener Differenzierung von *Sattwa* — eine der großen Eigenschaften, aus denen alle Dinge bestehen — wahrgenommen werden, die als Leuchten offenbar wird und im Zusammenhang mit dem Auge wirkt, das ebenfalls eine Erscheinungsform von *Sattwa* ist, nur in einem anderen Aspekt.

Diese zwei müssen sich gegenseitig verbinden; die Abwesenheit des Leuchtens oder seine Abtrennung vom Auge des Sehenden wird ein Verschwinden verursachen. Und da die Eigenschaft des Leuchtens vollständig unter der Herrschaft des Asketen steht, so kann er sie durch den dargelegten Prozess aufheben und auf diese Weise vom Auge des andern ein zum Sehen eines Gegenstandes wesentliches Element abschneiden."

§ 24: Durch Ausübung von Konzentration in Bezug auf Güte, Sanftmut, Gefälligkeit und Uneigennützigkeit wird der Asket fähig, die Freundschaft desjenigen, wonach es ihn verlangt, zu erwerben.

§ 25: Durch die Ausübung von Konzentration in Bezug auf die Mächte der Elemente oder des Tierreichs wird der Asket fähig, diese in sich selbst zu offenbaren.

§ 26: Durch die Konzentration seines Gemüts auf winzige, verborgene oder weit entfernte Gegenstände in jedem Gebiete der Natur erwirbt der Asket vollkommene Kenntnis über dieselben.

§ 27: Durch Konzentration seines Gemüts auf die Sonne erhebt sich in dem Asketen eine Erkenntnis hinsichtlich aller Sphären zwischen Erde und Sonne.

§ 28: Durch Konzentration seines Gemüts auf den Mond erhebt sich in dem Asketen eine Kenntnis der Fixsterne.

§ 29: Durch Konzentration auf den Polarstern wird der Asket fähig, die festgesetzte Umlaufszeit und Bewegung eines jeden Sterns in dem *Brahmanda*, von dem diese Erde ein Teil ist, zu erkennen. („Brahmanda" bedeutet hier das große System, von einigen „Weltall" genannt, in dem sich unsere Welt befindet.)

§ 30: Durch Konzentration seines Gemüts auf dem Solarplexus erwirbt der Asket eine Erkenntnis hinsichtlich des Aufbaues des materiellen Körpers.

§ 31: Durch Konzentration seines Gemüts auf das Nervenzentrum in der Grube der Kehle wird der Asket fähig, Hunger und Durst zu überwinden.

§ 32: Durch Konzentration seines Gemüts auf das Nervenzentrum unterhalb der Grube der Kehle wird der Asket fähig, das Bewegtwerden seines Körpers zu verhindern ohne jegliche widerstrebende Anstrengung seiner Muskeln.

§ 33: Durch Konzentration seines Gemüts auf das Licht im Kopf erlangt der Asket die Macht, göttliche Wesenheiten zu schauen.

Hierzu bemerkt Judge:

„Es bestehen hier zwei Folgerungen, die im modernen Denken Entsprechendes nicht aufweisen.

Die eine ist, dass ein Licht im Kopfe existiert, und die andere, dass es göttliche Wesenheiten gibt, die von jenen geschaut werden können, welche sich auf diese Weise auf das „Licht im Kopf" konzentrieren.

Man nimmt an, dass ein gewisser Nerv oder eine psychische Strömung, *Brahmarandranâdi* genannt, durch das Gehirn nahe der Kopfspitze nach außen tritt. In dieser sammelt sich mehr von dem leuchtenden Grundstoff der Natur, als sonst wo im Körper; sie wird deshalb Jyotis — das Licht im Kopfe genannt.

Und da jedes Resultat durch die Anwendung geeigneter Mittel herbeigeführt wird, so kann das Sehen göttlicher Wesenheiten durch Konzentration auf jenen Teil des Körpers, der mit ihnen in der engsten Verbindung steht, verwirklicht werden.

Dieser Punkt — das Ende des *Brahmarandranâdi* — ist auch die Stelle, wo die Verbindung zwischen dem Menschen und den Sonnenkräften zustande kommt."

Es ist selbstverständlich, dass das Wort *Konzentration* hier eine weit umfassendere Bedeutung hat als im gewöhnlichen Sprachgebrauch.

Den Entwicklungsmöglichkeiten des geistigen *Willens* sind keine Grenzen gezogen und das Wort „Konzentration" vermittelt nur einen unzulänglichen Begriff vom wirklichen Vorgang, der treffender als die konzentrierte Anspannung einer gigantisch entfalteten *Selbstbeherrschungskraft* geschildert werden kann.

Eine auch wissenschaftlich interessante und wertvolle Aufzählung der Yoga-Kräfte finden wir in H. B. Blavatskys arischphilosophischem Meisterwerk, *Die Geheimlehre*, Band I, Seite 312/13, das folgende Aufschlüsse gibt: „Diese Shaktis (Yoga-Kräfte) heißen folgendermaßen:

1. Parashakti. — Wörtlich die große Kraft oder Macht. Sie bedeutet und schließt in sich die Kräfte des Lichtes und der

2. Inanashakti. — Wörtlich die Kraft des Intellektes, der wirklichen Weisheit oder Erkenntnis, Sie hat zwei Aspekte:

I. Die folgenden sind einige von ihren Manifestationen, wenn *sie unter den Einfluss und Zwang materieller Bedingungen gebracht ist.*

a) Die Kraft des Gemüts im Auslegen unserer Empfindungen.

b) Seine Kraft im Zurückrufen vergangener Ideen (Gedächtnis) und im Hervorrufen zukünftiger Erwartung.

c) Seine Kraft, wie sie in den von den modernen Psychologen sogenannten „Gesetzen der Assoziation" zutage tritt, welche es befähigt, *dauernde* Verbindungen zwischen verschiedenen Gruppen von Gefühlen und Gefühlsmöglichkeiten herzustellen und so den Begriff oder die Idee eines äußeren Gegenstandes zu erzeugen.

d) Seine Kraft, unsere Ideen durch das geheimnisvolle Band des Gedächtnisses zu verknüpfen, und so den Begriff des Selbst oder der Individualität zu erzeugen.

II. Die folgenden sind einige von ihren Manifestationen, *wenn sie von den Banden des Staffes befreit ist*:

a) Hellsehen.

b) Psychometrie.

3. Ichchhashakti. — Wörtlich die Kraft des Willens, Ihre *allergewöhnlichste Offenbarung* ist die Erzeugung gewisser Nervenströme, welche die Muskeln in Tätigkeit setzen, welche zur Vollendung einer beabsichtigten Wirkung benönigt werden.

4. Kriyashakti. — Die geheimnisvolle Kraft des Gedankens, welche denselben befähigt, äußere, wahrnehmbare, phänomenale Resultate durch die ihm innewohnende Energie hervorzubringen. Die Alten waren der Ansicht, dass *jede Idee sich äußerlich offenbaren wird, wenn jemandes Aufmerksamkeit tief auf dieselbe konzentriert ist.* Auf ähnliche Weise *wird einer intensiven Willensbewegung* das verlangte Resultat folgen. Ein Yogi bewirkt im Allgemeinen seine Wunder mithilfe von Ichchhashakti und Kriyshakti.[10)]

5. Kundalini-Shakti. — Die Macht oder Kraft, welche sich in einem schlangenförmigen oder gebogenen Pfade bewegt. Sie ist das universale Lebensprinzip, welches sich überall in der Natur offenbart. Diese Kraft schließt die zwei großen Kräfte der Anziehung und Abstoßung in sich. Elektrizität und Magnetismus sind bloße Manifestationen von ihr. Sie ist die Kraft, welche die „*beständige Anpassung der inneren Verhältnisse an die äußeren Verhältnisse*" zuwege bringt, welche nach Herbert Spencer das Wesen des Lebens ist, und jene „*beständige Anpassung der äußeren Verhältnisse an die inneren Verhältnisse*", welche die Grundlage der Wanderung der

---

010) Es sei an dieser Stelle besonders an die sogenannten „Fakir-Illusionen" erinnert. Sie bestehen darin, dass die mit *Energie geladenen* Gemütsvorstellungen (Gedankenbilder) auf die Umstehenden übertragen werden — aktiv-positive „Gedankenübertragung" im großen Stil. Anm. d. Verf.

011) Moksha ist gleichbedeutend mit Nirwana oder endgültige Befreiung der „Seele", des transzendentalen Subjekts, von der inhärenten Tendenz zur Wiedereinkörperung, also Erlösung von der Zwingherrschaft der niederen, psychischen Elemente. Anm. d. Verf.

Seelen, Punarjanman (Wiedergeburt), in den Lehren der indischen Philosophen ist.

Ein Yogi muss diese Macht oder Kraft sich vollständig unterwerfen, bevor er Moksha[11] erlangen kann. […]

6. Mantrikashakti. — Wörtlich die Kraft oder Macht der Buchstaben, der Sprache oder Musik. Der Gesamtinhalt des alten *Mantra Shastra* hat diese Kraft oder Macht in allen ihren Offenbarungen zu ihrem Gegenstand, […] Der Einfluss ihrer Musik ist eine von ihren gewöhnlichen Offenbarungen. Die Kraft des wunderwirkenden unaussprechlichen Namens ist die Krone dieser Shakti.

Die moderne Wissenschaft hat bloß teilweise die erste, zweite und fünfte dieser oben genannten Kräfte oder Mächte erforscht, aber ist in Bezug auf die übrigbleibenden Kräfte gänzlich im Dunkeln, […] Die sechs Kräfte werden in ihrer Vereinigung repräsentiert durch das Astrallicht (Daiviprakriti, die siebente, das Licht des Logos).

Bruchstück aus einem Meisterbrief

Im Jahre 1889 veröffentlichte William Quan Judge in seiner arisch-philosophischen Zeitschrift „The Path“ (Julinummer S. 102) das Fragment eines Briefes seines Yoga-Meisters, das ich nachstehend in Übersetzung veröffentliche und mit Anmerkungen versehe. Kenner werden den Wert dieses Bruchstücks zu würdigen wissen.

„Ertöte den Sinn für das ‘Sondersein’, Vereinigung mit dem höheren Selbst ist die beste Art und Weise, den Sinn des Sonderseins zu ertöten. Deshalb muss der Mensch ein Sklave seines höheren *Selbsts* werden. Keine zwei Menschen gehen durch die *gleichen* Erfahrungen, während sie die Vereinigung mit ihrem höheren *Selbst* bewirken.

Das Wahre höhere *Selbst* ist der ‘Streiter‘, auf den in ‘Licht auf den Weg‘ Bezug genommen wird und es handelt niemals auf dieser Ebene, wo der aktiv Handelnde das Manas usw. ist.”

Das höhere *Selbst* ist Atman, das höchste göttliche Prinzip im All, das geistige *Urlicht*. Der Strebende muss sich gänzlich in den Dienst dieser göttlichen Macht stellen. — Je nach Temperament und Entwicklung sind die Erfahrungen der Strebenden verschieden und individuell; das Gleiche gilt für die zu überwindenden Schwierigkeiten. „Licht auf den Weg" (Light on the Path) ist eine berühmte, geheimkundige Abhandlung, die in alle Kultursprachen übersetzt wurde[12], Sie gehört zu den wenigen echten, inspirierten Texten.

Die angezogene Stelle lautet:

„Späh nach dem Streiter; in dir lass ihn kämpfen. — Seine Weisung erwarte zum Kampf: ihr folge, — Gehorch

12) Deutsch bei Th. Griebens Verlag, Leipzig.

ihm nicht, wie man gehorcht dem Feldherrn; gehorche ihm, als wäre er dein Selbst und der Befehl der Ausdruck deiner Wünsche. Fürwahr er ist dein Selbst, unendlich weiser und stärker nur als du.

Schau aus nach ihm, dass in des Kampfes Hast und Hitze du nicht an ihm vorübereilst. Nicht kennen wird er dich, so du nicht ihn erkennst. Erreicht dein Ruf sein lauschend Ohr, dann wird in dir er kämpfen und erfüllen die dumpfe Leere deines Inneren.

So dies geschieht, so kannst' mit Gleichmut du, dann wirst du mühelos den Kampf bestehen: Du trittst zurück und lässt ihn für dich streiten; und keiner deiner Streiche fehlt sein Ziel. Doch spähst du nicht, eilst du an ihm vorüber, so bist du sonder Schutz; dein Herz verzeigt, dein Hirn verwirrt sich dann, im Sturm und Staub des Kampfgewühls vergehen dir die Sinne, und von dem Feind kannst du den Freund nicht scheiden."

„Er ist dein Selbst, doch während endlich du, dem Irrtum untertan, — ist unfehlbar und ewig er. Er ist die ewige Wahrheit. Ist einmal erst er in dich eingezogen und ist zu deinem Streiter er geworden, wird nimmer wieder ganz er von dir weichen. Und an dem Tag des großen Friedens wird er in Eins mit dir verschmelzen."

Mit dem Manas ist das höhere Manas (Manas-Buddhi) gemeint, das sich als schöpferisches Denken, geistiger Wille, spirituelles Bewusstsein usw. auswirkt. — Der Meisterbrief fährt fort:

„Ein Gefühl der Freiheit ist eine der hervortretendsten Eigentümlichkeiten des höheren Bewusstseins, und die Willensanstrengung, die nötig ist, um den Körper zur Ruhe zu bringen, gleicht in hohem Maße der, die man anwendet, um Schmerz zu vergessen. Das höhere Selbst ist gestaltlos, geschlechtslos, formlos. Es ist die vollkommene Vierheit, Nirvana, über der das erstere △ steht. Es ist ein Bewusstseinszustand, ein Hauch, weder eine Form noch ein Körper."

Das Gefühl der Freiheit ergibt sich aus dem Umstand, dass das spirituelle Ego mehr und mehr die Herrschaft über die materielle Hülle erlangt.

Die *vollkommene* Vierheit (nicht zu verwechseln mit der niederen Vierheit) besteht aus dem geläuterten niederen Manas, dem höheren Manas, der Buddhi und dem Atman, zur Einheit verschmelzen.

Das Dreieck repräsentiert die göttliche Monade oder den zweiten Logos der esoterischen Metaphysik. Einzelheiten über diese schwierige Lehre, die übrigens für Anfänger nicht infrage kommt, findet der Leser in H. P. Blavatskys Esoterik S. 477 und 532.

„Das höhere Selbst muss immer im Inneren gesucht werden; es im Äußeren zu suchen, ist ein verhängnisvoller Missgriff. Die zu machende Anstrengung besteht darin, den höchsten Zustand zu erreichen, dessen ihr fähig seid und euch dort festzuhalten. Konzentriert euch auf die Idee des höheren Selbsts, sagen wir, zuerst eine halbe Stunde lang. Gradweise werdet ihr fähig werden, euer Bewusstsein mit dem höheren Selbst zu vereinigen. [...] Die Aufzeichnung des Bewusstseins dieser (höheren) Ebene findet im letzten Augenblick des Übergangs zurück zur physischen Ebene statt; dies, zusammen mit der Tatsache, dass der Doppel (das Denkprinzip) oft tätig ist, erzeugt häufig eine Art von Doppelbewusstsein, und letzteres ist eine Quelle des Irrtums."

Für den Praktiker handelt es sich also darum, das Denkprinzip oder Cittam (hier der „Doppel“ genannt) fest in der Gewalt zu haben, damit die Rückübertragung der auf höheren Wahrnehmungsebenen gemachten Erfahrungen glatt vor sich gehen kann und keine Bewusstseinsfälschung durch das Dazwischentreten gewöhnlicher Gedankenbilder eintritt. „Bei der Erwerbung der Konzentrationsfähigkeit besteht der erste Schritt darin, zur Gedankenruhe zu gelangen. Dann folgt gradweise Bewusstsein, und schließlich wird der Übergang zwischen den zwei Zuständen so geschwind (rapid) leicht, dass er nahezu unbemerkt verläuft.“

Der Praktiker muss vor allen Dingen die Herrschaft über die Denkmaschine erlangen, dann erwirbt er gradweise Bewusstsein auf der *spirituellen* Ebene und zuletzt die Macht, sein Bewusstsein auf die *kosmische* Ebene zu übertragen.

Das menschliche Bewusstsein kann sich also auf drei verschiedenen Ebenen der Wahrnehmung betätigen:

1. intellektuelle Ebene,

2. spirituelle Ebene der reinen Ideen,

3. kosmisch-göttliche Ebene,

„Die zu überwindende große Schwierigkeit besteht in der Übertragung der Erkenntnis (bzw. der Erfahrungen) des höheren Selbst auf die physische Ebene.

Um dies zu bewirken, muss das physische Gehirn zu einer völligen Leere gemacht werden, und zwar für alles, mit Ausnahme des höheren Bewusstseins, und der Doppel- oder Astralkörper (dessen einer Aspekt das Cittam oder Denkprinzip ist) muss lahmgelegt werden, weil sonst Irrtum und Verwirrung (Konfusion) entstehen wird.

(Hier wird auf Energiezentren angespielt; die Sitze der astralen Kraft müssen beherrscht und die Gehirnrinde in einen Zustand der Ruhe versetzt werden.)

Versucht in erster Linie, euch in einen solchen Zustand zu versetzen, dass ihr nichts fühlt von dem, was sich mit dern physischen Körper ereignet und ihr euch in der Tat von dem Körper trennt. [...]

Man halte hierzu die Lehre des Patanjali: Yoga-Sutram, Buch II § 261 „Das Mittel, um den Zustand des Gebundenseins an das Stoffliche zu verlassen, ist, vollkommene, unterscheidende Erkenntnis beständig aufrechterhalte."

Judge-Kommentar:

„Wichtig ist hierbei — unter anderem —, dass der Mensch, der die Vollkommenheit spiritueller Entfaltung erreicht hat, das Bewusstsein gleicherweise aufrechterhält, während er im Körper weilt, im Augenblick, wo er ihn verlässt und wann er in höhere Sphären übergegangen ist; und ebenso besteht es ununterbrochen fort, während er höhere Sphären verlässt, wenn er wieder in seinen Körper eintritt und wenn er die Tätigkeit auf der materiellen Ebene wieder aufnimmt."

Transzendentale Selbsterkenntnis

Die antike Mahnung „Mensch, erkenne dich selbst" ist zwar in jedermanns Mund, doch nur wenige sind sich im Klaren darüber, dass bloße Selbstkritik noch lange nicht Selbsterkenntnis im esoterischen Sinne des Wortes ist; auch führt der viel erwähnte erste „Schritt zur Besserung" meistens nur zu den fruchtlosen „guten Vorsätzen", mit denen der Weg zur Hölle so reichlich gepflastert ist.

Es ist deshalb nicht unangebracht, auf die tiefere Bedeutung des Wortes Selbsterkenntnis hinzuweisen und zu zeigen, welche Begriffe die antiken Weisheitsschulen, besonders jene des arischen Ostens, damit verknüpften.

Das alte Hellas besaß seine Mysterien, wo selbst der Geweihte in die Geheimnisse der Natur und seiner eigenen Seele eingeführt wurde, und groß ist die Verehrung, mit welcher Denker wie Plato, Plutarch und andere von diesen geheiligten Stätten und den dort erhaltenen Unterweisungen sprechen.

Die indischen Arier, das größte Kulturvolk der Geschichte, besaßen eine mit esoterischer Psychologie (Raja Yoga) verknüpfte *Selbsterkenntniswissenschaft*, die sie *Atma-Vidya*", d. h. Wissenschaft des Atman oder des transzendentalen Selbstes nannten.

Das dieser Atman das „unendliche Lichtmeer der Gottheit" und bildlich gesprochen, unser „*höheres Selbst*" ist, wurde in den vorhergehenden Kapiteln zu Genüge erläutert. Nun wäre aber die Einswerdung mit diesem glänzenden Strahl göttlichen Lichtes eine leichte Sache, würden sich die Kräfte unseres „niederen Selbstes" diesem Streben nicht hindernd in den Weg stellen. Die Wirkungsweise dieser niederen Kräfte richtig kennenzulernen und erfolgreich? in der Richtung des geringsten Widerstandes — zu überwinden, ist für den Strebenden von großer Wichtigkeit. Das nachstehend in Übersetzung wiedergegebene Bruchstück eines aus berufener Feder stammenden Aufsatzes im *Path* enthält einen wertvollen Schlüssel, der zwei Tore sperrt, deren eines zum tieferen Verständnis der Wirkungsweise der niederen psychischen Elemente führt, das andere uns den Weg zur Entdeckung unseres transzendentalen Subjekts weist, verborgen in der Sphäre des Unbewusstseins oder, richtiger, überphysischen Bewusstseins.

Der Inhalt des folgenden Aufsatzes wird gründliches Nachdenken reichlich lohnen und der Leser ist gebeten, es nicht bei einer einmaligen Lektüre bewenden zu lassen. Zehn Minuten lesen und zehn Stunden über das Gelesene nachdenken führt weiter, als zehn Stunden lesen und nichts denken. Übrigens gilt hier das Sprichwort: Probieren geht über Studieren. Habe ich doch Leute kennengelernt, welche die großen Werke H. P. Blavatskys samt dem Sanskritschrifttum halb auswendig wussten und doch nicht zur okkulten Macht im Sinne des Raja Yoga gelangten, einfach weil sie sich nicht zur Praxis ermannen konnten, sondern vorzogen, auf den unfruchtbaren Sandbänken intellektueller Spekulation zu verschmachten.

Bruchstücke aus einer Abhandlung im *Path* erschienen im Januar 1892, Seite 320/21.

„Nach H. P. Blavatskys Definition ist das Wort Okkultismus gleichbedeutend mit dem „Studium von den Wirkungsweisen des Universalgemüts“. Anfänglich sind unsere Studien dieses Gemüts auf seine Widerspiegelung in unserem Inneren beschränkt. Wir müssen uns bestreben, einige Spuren davon in unserem eigenen Bewusstsein ausfindig zu machen oder doch in den Arten der Tätigkeit dieses Bewusstseins. Das sogenannte Unterbewusstsein kommt dem Universalgemüt (Universalbewusstsein) ziemlich nahe. Aber wie können wir das erstere herausfinden? wir sind geneigt, zu sagen, dass dies eine zu schwierige Aufgabe sei.

Es ist schwierig, aber doch nicht allzu sehr. Schon die bloße Anstrengung, die dieses Forschen erheischt, hilft uns voran, denn die erhöhte Abgabe von Gedankenkraft erzeugt machtvolle Zentren oder Bilder in unserer Sphäre. Es besteht die Möglichkeit, dass wir durch die beständige Rückwirkung der letzteren auf uns dazu gebracht werden, schließlich eine Spur des Unterbewusstseins zu entdecken.

Wenn wir uns kritisch prüfen, so finden wir heraus, dass hinter der unaufhörlichen Gedankenveränderung, hinter all dem unaufhörlichen Hin- und Herströmen der Gedanken eine Macht vorhanden ist, die den ganzen Prozess beobachtet, zusammenzählt, analysiert und zerlegt.

Wir finden heraus, dass wir noch eine andere Art von Bewusstsein besitzen, die *über* oder *hinter* den Gedankenströmungen steht und die das ganze vorüberziehende Panorama ruhig beobachtet.

Durch diese Kraft fühlt sich der Sünder, der seinen Fehltritt erkennt, dass seine sündhafte Neigung nicht sein *ganzes* Wesen ausmacht; er fühlt heraus, dass er seinem innersten Wesenskern nach besser ist, als der gemeine äußere Anschein, Patanjali sagt, dass die Seele der (*über*intellektuelle) Zuschauer ist, und wenn die Frage gestellt wird: wo ist die Seele zur Zeit der Konzentration — oder wenn die Gedankenenergie zur Ruhe gekommen ist (d. h. die Denkmaschine stillsteht), so antwortet er: „zur Zeit der Konzentration verharrt die Seele im Zustande eines Schauspielers *ohne* Schauspiel."

Bevor der Forscher diese Konzentrationsstufe erreicht, erreicht er doch eine Annäherung an dieselbe, sobald er das Zentrum, die Stelle, die Bewusstseinsart oder die Bewusstseinsstufe entdeckt, von wo aus er sein ganzes Gedankenfeld als etwas, das nicht er selbst ist, überblicken kann und wo er fühlt, dass das (*wirkliche*, spirituelle) Selbst die geistig-wahrnehmende Kraft *an sich* ist. Denn er braucht sich dann nur so oft als möglich auf diese Bewusstseinsebene zu begeben und sie möglichst lebhaft zu erfassen und er hat dann —

wenn ich es so nennen darf — ein Rudiment des Universalgemüts entwickelt.

Dieses Gemüt, dieser Bewusstseinszustand betrachtet das vor ihm ausgebreitete, trügerische Panorama als etwas von ihm Getrenntes bzw. Gesondertes; die Person, welche diesen Bewusstseinszustand erfasst, ist dem Universalgemüt näher; sie ist in eine der Phasen oder Zustände des Universalgemüts eingetreten, doch ist dies kein Trancezustand.

Die beste Methode, die angestrebt werden kann, ist jene in der Richtung der sieben Grundkräfte. Solange ich mich als ein homogenes Ganzes betrachte, ziehe ich meine Gemütssphäre in eine einzige dichte und langsam schwingende Masse zusammen. Was die Seele des Menschen fesselt, ist die falsche Auffassung, dass der Mensch ein Einheitliches, statt ein Duales sei.

Das falsche Bild, das er sich auf diese Weise geschaffen hat, wird zum Gefängnis seiner Seele. Wenn aber einmal die Analyse in Tätigkeit tritt, dann sagt er nicht länger „ich begehre", „ich gewinne", „ich wünsche", „ich sündige". Vom Rauch der eigenen Leidenschaften umnebelt, stürzt er sich nicht länger mehr in das Meer der Leidenschaften.

Wenn die eine oder andere Begierde auftaucht, sagt er sich: „Hier ist das Kamaprinzip (die Blutenergie) tätig." Andere Regungen schreibt er dem ungehörigen Anreiz des Linga Sharira (elektromagnetischen Substrats, niederen Astralkörpers) zu; hier sieht er das niedere Manas (Denkprinzip) vorherrschen, dort das Aufblitzen intuitiver Wahrnehmung. Jede Handlung schreibt er der Grundkraft zu, aus der sie entspringt; jeder Akt ist für ihn ein Resultat einer dieser Grundkräfte; er betrachtet sie nicht länger als sein eigentliches Ich, sondern er wird zum Richter über all diese Kräfte, und die Analyse zerstört die ungestümen Rauchwolken der Begierde. *Denn die Begierde hört auf Anziehung auf uns auszuüben, wenn wir uns nicht mehr mit ihr identifizieren.*

Wenn irgendeine Person den Wunsch hegt, sich von einer üblen intellektuellen oder körperlichen Gewohnheit freizumachen, so wird die aufrichtige und beständige Durchführung der oben beschriebenen Methode dazu führen, dass diese Gewohnheit ihre Macht über das Gemüt verliert.

Es ist dies nicht eine Art von Gesundbeten, denn letztere handelt durch bloße Verneinung, während in obigem Fall Analyse eintritt und die Wirkungen auf ihre wirkliche Quelle zurückverfolgt werden oder doch wenigstens etwas näher der Quelle zu. Vermittels dieser kalten Analyse wird die im Gemüt vorhandene Vorstellung von der Persönlichkeit in eine Reihe von an sich wahren Gedankenformen zerlegt, von welchen jede ein Bild des Universalen ist, jede mit Leben seiner eigenen Art begabt.

Das Gefängnisgebäude wird auseinandergerissen, und der Mensch, einem geblendeten, bestürzten, aber losgebundenen Gefangenen gleichend, empfindet nunmehr, dass er langsam in die weiten Gefilde des universalen Denkens eindringt.“

Die Upanishaden

Das Wort „Upanishad“ wird in der Regel mit „Geheimlehre“ wiedergegeben. Upa-ni-shad ist ein zusammengesetztes Wort und bedeutet die Besiegung der Unwissenheit durch die Offenbarung der *geheimen, spirituellen* Erkenntnis.

Die vorhandenen Texte erfordern jetzt den weiteren Besitz eines Hauptschlüssels, um den Schüler zu befähigen, zu ihrem vollen Verständnis zu gelangen. H. P. Blavatsky, die größte Autorität in Fragen der östlichen Geheimlehre, äußert sich im I. Band der „Geheimlehre“ Seite 291 wie folgt:

„Es werden über 150 *Upanishads* von den Orientalisten aufgezählt, nach deren Meinung die ältesten derselben *wahrscheinlich* ungefähr 600 Jahre v. Chr. geschrieben worden sind; aber an *echten* Texten existiert nicht der fünfte Teil dieser Zahl.

Die *Upanishads* verhalten sich zu den *Veden*, wie die Kabbala zur jüdischen Bibel.

Sie behandeln und erklären die geheime und mystische Bedeutung der vedischen Texte. Sie sprechen von dem Ursprung des Weltalls, der Natur der Gottheit und von Geist und Seele, sowie auch vom metaphysischen Zusammenhang von Gedanke und Stoff.

Mit wenigen Worten gesagt: *sie enthalten den Anfang und das Ende aller menschlichen Erkenntnis, aber sie haben aufgehört, dieselbe* zu *enthüllen* seit den Tagen Buddhas.

Wenn es anders wäre, so könnten die Upanishads nicht *esoterisch* genannt werden, da sie jetzt offen den heiligen, brahmanischen Büchern hinzugefügt sind, welche in unserem gegenwärtigen Zeitalter selbst den Mlechchhas (den kastenlosen und den europäischen Orientalisten) zugänglich wurden.”

In deutscher Übertragung besitzen wir außer der bekannten Bhagavad Gita[13)] eine Zusammenstellung von „*Sechzig Upanishaden des Veda*“, die Prof. Paul Deussen bei Brockhaus in Leipzig veröffentlichte. Das wertvolle Werk ist kürzlich in neuer Auflage herausgekommen.

Die Upanishaden sind vornehmlich Yoga-Schriften, doch muss ich H. P. Blavatsky durchaus beipflichten, wenn sie sagt, dass nur wenige davon echt und zuverlässig sind.

Manche strotzen von Blenden und sind für praktische Zwecke der Konzentration und Meditation direkt irreführend.

Dazu kommt noch der weitere Umstand, dass die Übersetzer wohl tüchtige Sanskritkenner, aber keine Yogapraktiker sind und deshalb viele yoga-technische und psychologische Feinheiten verloren gehen.

Wer aus den Upanishaden Nutzen ziehen will, der wird guttun, sich zuvor mit den Grundregeln der Praxis gründlich vertraut zu machen.

Besonders die Lehre von den sieben „Prinzipien“ muss richtig verstanden werden, denn ohne diese psychologische Basis kann von einem richtigen Verständnis für den höheren Yoga keine Rede sein.

Im Folgenden bringe ich ein Fragment aus der Mandukya-Karika, die zu den wertvollsten Upanishadtexten gehört.

Es ist Deussens Sammlung der Sechzig Upanishaden entnommen und meinerseits kommentiert.

Diese Probe möge zeigen, *wie schwierig* es für den europäischen Gelehrten ist, in die ursprüngliche Bedeutung der Texte einzudringen, sofern ihm nicht praktische yogatechnische Erfahrungen zur Verfügung stehen.

---

13) Gute Bhagavad Gita Übersetzungen, für praktische Zwecke geeignet, sind die von W. E. Judge (J. Th. Heller, Nürnberg) und Dr. Franz Hartmann (Leipzig).

Fragment aus der Manduka-Upanishad

Sobald das Manas nicht mehr vorstellt,
Weil ihm aufging das Atman-sein,
Nimmt, als Nichtmanas, er nichts wahr mehr,
Weil nichts mehr wahrzunehmen bleibt.

Die Lehre beginnt hier mit dem Endziel: der Höchststufe der *Erleuchtung* (Atman-sein). Während dieses hohen meditativen Zustandes ruhen alle Vorstellungen (Gedankenbilder des niederen Manas oder Cittam) und werden natürlich nicht mehr wahrgenommen.

Als ewig wandellose Erkenntnis,
Vom Erkannten verschieden nicht,
Das Brahman wird erkannt allzeit,
Vom Ew'gen Ewiges wird erkannt.

Brahman (von brih ausdehnen) ist das im ganzen All ausgedehnte (ausgebreitete) geistig-göttliche *Urlicht.* — Während dieser hohen Meditation wird das Erkennende eins mit dem Erkannten.

Dieser Vorgang besteht darin,
Dass zwangsweise alle Regungen
Des Manas unterdrückt werden. —
Anders ist es im tiefen Schlaf.

Das Manas erlischt im Tiefschlaf,
Nicht erlischt es, wenn unterdrückt,
Sondern Brahman, das furchtlose,
wird es, ganz nur Erkenntnislicht.

Die Denkmaschine muss durch Unterdrückung des niederen Manas oder Cittam zum Stillstand kommen.

Durch diesen positiven Akt wird im Laufe der Entwicklung die Einswerdung mit dem Brahman (Erleuchtung, höchstes Hellsehen) bewirkt, letzterer Zustand diametral verschieden von der Bewusstlosigkeit im Tiefschlaf.

Das ew'ge, schlaf- und traumlose,
Das ohne Namen und Gestalt,
„Mit eins aufleuchtend", allwissend, —
Ihm gilt keine Verehrung mehr.

Kein Nehmen ist da, kein Geben,
Wo keine Sorge mehr besteht,
Dann ist nur in sich selbst ruhend
Das ew'ge Wissen, selbst sich gleich.

Das heißt der Ungefühl-Yoga,
Schwer zu schau'n dem Yogin selbst,
Da auch selbst Yogins ihn scheuen,
Vor dem Furchtlosen fürchtend sich.

Der Ungefühl-Yoga entsteht durch die völlige Überwindung des „Paares der Gegensätze". Es darf nicht mit Stumpfheit verwechselt werden, sondern repräsentiert ein übermenschliches Stadium spiritueller Willensmacht und erkennender Erhabenheit über alle äußeren Einflüsse.

So majestätisch erheben ist diese Erkenntnisstufe, dass manche Strebende furchtüberwältigt vor ihr zurückschrecken und das Höchstziel ihres Strebens verfehlen. „Licht auf den Weg" bezeichnet diese Stufe mit den wuchtigen Worten:

„Es steht geschrieben, dass es nicht Gesetz noch Führer gibt für jenen, dessen Fuß die Schwelle zu der Göttlichkeit betritt.

Doch werde zu des Jüngers Klärung der Kampf bezeichnet durch dies Wort: An dem halt fest, was sonder Stoß und Dasein."

Das Manas muss unterdrückt werden,
Damit zuteil dem Yogin wird
Das Furchtlose, das Schmerzlose,
Die Erweckung, die ew'ge Ruh'.

Man unterdrücke methodisch
Das Manas, das Wunsch und Lust zerstreu'n,
Ganz ruhig wird es dann schwinden,
Sein Schwinden ist wie Liebeslust.

„Yoga ist das Verhindern der Veränderungen des Denkprinzips", und letzteres ist dasselbe wie das niedere Manas, auch Cittam genannt.

Weckt das Mamas, will es nichts werden,
Sammelt es, will es sich zerstreuen;
Beides wisse man als sündhaft;
Ward brahmangleich es, stört es nicht!

„Weckt das Marias" bedeutet: bleibt wach, positiv und spannt den geistigen Willen an, der ein Aspekt des *höheren* Manas ist. Sammelt es: übt wieder und wiederum Konzentration, damit es euch gelingt, eure ungeteilte Aufmerksamkeit dem höheren *Selbst* (Brahman) zuzuwenden, Schläfrigkeit und Zerstreutheit gelten als „Sünde".

Durch gelegentlichen Rückfall in erniedrigende Leidenschaften wird die erreichte Hellsichtigkeit (Erleuchtung) wiederum getrübt (gestört).

Freilich schmeckt es dann nicht Lust mehr,
Keiner Begierde sich bewusst;
Sein Denken ungestört wirkend,
Strebe eifrig zur Einheit hin.

Auf dieser Stufe ist der Strebende über Lust und Begierde erhaben. Sein Denken wird von niederen Einflüssen nicht mehr gestört; sein ganzes Denken, Wollen und Fühlen sei auf die Einheit — das unendliche Lichtmeer der Gottheit (Brahman) — konzentriert.

Wenn dann weder im Schlaf schwindet
Das Manas, noch auch Zerstreuung sucht,
Dann tritt hervor es als Brahman,
Regungslos und vom Scheine frei.

Mit Manas ist hier das höhere Manas gemeint und bedeutet in diesem Fall ein über Zerstreuungen erhabenes *Bewusstsein*, das auch während des *Schlafes* aufrechterhalten bleibt. Der Schlaf des hohen Yogins hat nichts mehr mit Bewusstlosigkeit zu tun, sondern hat mehr Ähnlichkeit mit einem meditativen Zustand.

Auf die Frage, ob Yoga-Adepten träumen, antwortet H. P. Blavatsky:

„Kein fortgeschrittener Adept träumt. Ein Adept ist einer, der über seine niederen vier Prinzipien, einschließlich Körper, die Herrschaft erlangt hat und deshalb das Fleischliche nicht mehr seine eigenen Wege gehen lässt. Er lähmt einfach sein niederes Selbst während des Schlafes und wird vollkommen frei. Ein Traum, wie wir ihn verstehen, ist eine Illusion.

Sollte denn ein Adept träumen, nachdem er sich von jeder anderen Illusion freigemacht hat?

Während seines Schlafes lebt er einfach auf einer anderen und wirklicheren Ebene.“ (Transaktionen, I. Teil, S. 57.)

Als frei, beruhigt und leidlos,
Als unaussprechlich höchste Lust,
Als ewig, ewigen Objekts
Allbewusst, schildern Kenner es.

Du bist erleuchtet — wähle deinen Weg. […]

Sieh' an das milde Licht, das von des Ostens Himmel flutet her. Der Himmel und die Erd' in Lob- und Preiseszeichen einen sich.

Von den vierfach geoffenbarten Mächten steigt empor ein Liebessang, getragen von des Feuers Flammenglut, vom Wasser, weiches fließt dahin, vom süßen Erdenduft und von des Windes Rauschen fort.

Horch! Aus der Tiefe, welche nicht ergründbar ist, wo jenes gold'ne Licht, in dem der Sieger badet, wirbelnd strahlt, erhebt in tausend Tönen sich der *Allnatur* wortlose Stimme hoch, um zu verkünden es:

Es möge werden Freude, o ihr Menschen des Erdenseins, euch,

Ein Pilger ist zurückgekehrt „vom anderen Ufer" nun.

Ein neuer Heiland kam zur Welt.

Friede allen Wesen!